地域創造研究叢書
No. 23

東日本大震災
被災者体験記

愛知東邦大学地域創造研究所＝編

唯学書房

はじめに

2011年3月11日の東日本大震災から間もなく4年が経過する。この間、当研究所でも2011年度には、名古屋市消防局やレスキューストックヤードの現地救援報告会、東邦高校の生徒や教員・愛知東邦大学の学生・教員らによる被災者支援ボランティアの交流・報告会を開催し、その記録は『(地域創造研究叢書19) 東日本大震災と被災者支援活動』(唯学書房刊) として発刊した。2012年度からは「減災研究会」と改称し、2012年度は名東消防署のご協力を得て、当学園周辺の平和が丘学区の皆さんや東邦学園関係者による、災害時を想定した避難行動の体験や地域調査、2013年度は東日本大震災被災者の体験をお聞きする講演会や、桑山紀彦氏による「地球のステージ」公演を開催してきた。被災者体験講演会や「地球のステージ」は、2014年度も当学園や津島市文化会館を会場に、引き続き開催している。

いっぽう、被災2ヵ月後から当研究所の森顧問が、宮城県気仙沼市を中心に再三現地を訪れて、被災者の聞き取りを重ねてこられた。そこで、今回、2013年度の講演をもとにした、被災後教育の実践と、膨大な被災廃車の処理に当たられた経験、気仙沼の被災者聞き取り記録をまとめて、本書を編集することにした。編集実務は森顧問に委ねた。

当、東海地方も、南海トラフに起因する大地震の震源域に含まれる地域もあり、津波被害の想定も発表されつつある。それによると、多数の死者を含む大規模な被害は避けられないと覚悟せざるを得ないようである。そうした中でも被害を小さくするために、本書が、「津波被害」の実情や、被害者が直面する問題点の検出に役立てば幸いである。

2015年1月11日

愛知東邦大学地域創造研究所所長
御園慎一郎

目　　次

第Ⅱ部　気仙沼の人たちの「当日」と「震災直後」

愛知東邦大学 地域創造研究所 顧問　森 靖雄　（協力）千葉 哲美

写真提供　第1部1　佐藤敏郎
　　　　　その他　　森　靖雄

第Ⅰ部

津波被害のその後

第1章　かけがえのない命を守る
——大震災を経験して

女川中学校防災担当主幹教諭　　佐藤 敏郎

Ⅰ　震災直後の女川中学校

町の主要部が壊滅

女川町は、宮城県の太平洋岸にあり、東は太平洋、北と東は石巻市、南は仙台湾と牡鹿半島の一部（半島南部は石巻市）に囲まれた町です。「女川原発」の所在地でもあります。東日本大震災の震源地は、この牡鹿半島の沖でした。

女川町には、東日本大震災まで二つの町立中学校がありましたが、津波で女川第二中学校が被災したため、女川第一中学校を仮校舎にして再開しました。震災後、人口が減少したこともあり、両校を統合して、2013年4月から旧第一中学校の校舎で「女川中学校」を開校しました。

町の主要施設や商業施設に加え、人口の多くも、日本有数の漁港として知られる太平洋岸の深いリアスの女川湾に面した狭い地域に集中していました。そこを津波に襲われたため、被災面積としてはそれほど広くはありませんでしたが、壊滅的な被害を受けました。

卒業式準備中に大地震

震災当日の3月11日は、卒業文集や卒業アルバムが配られて、翌日の卒業式の準備も順調に進んでいました。3年生は5限目で終わり、発災の30分ぐらい前に帰宅させていたので、校内では1年生と2年生が卒業式の会場準備をしていました。2年生は全員体育館で会場準備、1年生は全員が2階でフロアの飾り付けと掃除をしている時に地震が起きました。それぞれの作業には当然教員もついていたので、生徒を把握しやすい状況ではありました。発災後の誘導などは後述します。

揺れ、即、停電

地震が起きたのは2011（平成23）年14時46分18秒というのが公式数値です。実際には3分近く揺れ続けましたので、これは地震発生時刻なのでしょう。震度は、度々修正されましたが、公式数値はマグニチュード9.0でした。

私自身は、教務主任をしていて、翌日の卒業式のプログラムの準備で職員室にいました。

グラグラグラっと来て、「お、かなり強いぞ」と思った瞬間に物凄い揺れになり、室内では、あちこちでパッパッパッパッと火花が散って、すぐに停電しました。停電すると放送設備も使えなくなります。

学校でも、たぶん事業所などでも大きいところは、避難訓練の時に放送で、「ただ今地震が起きました。落ち着いて避難してください」というような指示をすると思います。私たちの学校でも、震災前まで、避難訓練の時には、事前に綿密に避難誘導計画を点検しておいて、当然のように校内放送を通じて、「只今地震が発生しました。何処どこに逃げます」と知らせていました。しかし、実際に起きてみると、こうした訓練は全く役に立ちませんでした。

避難訓練もやり方を変える

避難訓練については、今は抜き打ちでおこない、放送も「只今地震が……」という感じで途中で切って、震災後各階に配備した拡声器やメガホンでリレーするやり方にしています。ただ、これもなかなかうまくいきません。というのは、訓練の日時を知っているのは私と校長だけで、先生に対しても抜き打ちなので、なかなか全員がうまく誘導することができません。だから、一回訓練すると課題がいっぱい出てきます。

そのようにして出てきた問題点を、一つずつ解消していくのが、訓練だと考えています。

女川町中心部の被災前

女川町中心部の被災後

想像以上に強い津波の威力

当日は、震度6強の地震があり、「大津波警報」も出たので、女川でもたくさんの人が高台などに避難しました。

地震による最初の津波は静かに水面が持ち上がる形で、高さは1mぐらいでしたから、見た人も心配しませんでした。そのため、この1波目が引いていったところで、家を片付けに帰った人も少なからずありました。そこへ結果的に最大の高さだった第2波が襲い、家も車も人も一挙に飲み込まれました。

津波の力は想像以上です。普通の流水でも水深が40cmあると人は流されてしまうそうですが、海そのものが押し寄せる津波では20cmでも立っていられないそうです。それが実際には、何mとか、十何mという高さで押し寄せたわけですから、防ぎようがありません。標高2.5mほどの場所にある女川町立病院の被害状況を見ると、津波は1階の上あたりまで来ましたから、水位でいうと30m近くあったことになります。

津波の原因になった地震そのものでも、壁を傷めたり、窓ガラスが割れたり、家具が転倒したり、液状化現象を引き起こしたりする被害が起きていました。そこを津波が襲ったわけです。そのうえ、押し寄せたのは海水だけではありません。海岸の防風林や、途中で壊した家、車、船などが大量の凶器になって、次々と襲いかかりました。

女川中学校の避難行動

女川中学校は標高32mの位置にありますが、体育館のガラスが全部落ちました。天井も落ちました。津波ではなく、地震そのものの被害です。そのため、当日の避難行動も訓練通りにはいきませんでした。訓練では、体育館の脇を通って校庭に避難していました。ところが体育館のガラスが散乱していて通れませんでした。避難場所は、その時点で校舎前（校外）の噴水周辺に変更して集めました。避難が必要なほどの地震であれば、停電もするし、ガラスも落ちてくるという、ちょっと考えればわかる想定をしていなかったのです。大きな反省点です。

そこはJR東日本の女川駅のすぐ上で、町の避難場所にもなっています。そのため、駅にいた高校生や地域の方々も逃げてきました。

そこで点呼を取ったりしているところへ、最初の津波が来ました。

バキバキバキ、ゴォーッ

私はその時、トイレに行きたいという生徒に対応していましたが、突然、「バキバキバキバキ」という音、次に、「ゴォーッ」という音が聞こえてきました。「何だ？」と思って見たら、家や電車が物凄いスピードで流されてい

津波に流される女川の中心部

きました。本当に映画のシーンのような感じでした。

「ここは大丈夫か？」と思ったところへ、役場の人が来てくれたので、確認すると、役場の人が「もっと上に行きましょう」というので、そこに避難していた人みんなで、標高 42m ぐらいの場所にある浄水場まで逃げました。

雪がちょっと降って来たので、皆でブルーシートを被っていました。とっさに、女子生徒たちには今起きつつある津波の惨状を見せない方がよいと判断したので、男子生徒にシートの端を持たせ、女子を中に入れて浄水場へ移動させましたが、それでもパニックに近い状態でした。

忘れられないこと

この津波が来る前、いったん校舎前に避難した時に、生徒の様子を見に来て帰られたお母さんがいましたが、その方は亡くなられました。「ちゃんと先生の言うこと聞くんだよ」「じゃあ先生よろしくお願いします」というのが生徒や私と交わした最後の言葉でした。

私たちは、浄水場が建つ山の上から家や電車が流されていくのを見ていましたが、あの流れの中に人がいるとしたら、その人はどうなるのかと、いたたまれない気持ちでした。町の中に残って助かった人たちは、目の前を人が流されていくのを見ていました。助けたくても助けられない。「離すな！」

と必死につないだ手を離してしまった感触を、今も忘れられないと言います。

運の分かれ目

5階建ての女川生涯教育センターは、5階が機械室です。ここへ避難した人たちは、5階なら安全だと考えて機械室に避難したそうです。ところが水は5階にも入り、おばあさんたちを上に持ち上げている間に引き始めて、助かりました。外から見ると、その生涯センターはほぼ完全に水没した跡がありますが、機械室は密閉構造だったため、コップを伏せて水に入れた時のように上部に空洞ができたと考えられています。こうして九死に一生を得た人たちもおられました。

反対に、50年ほど前のチリ津波を知っている高齢者の中には、その時の経験から、自宅の屋根に上っていれば大丈夫だと考えた人も少なからずあったようです。家ごとそのまま流されてしまった人が、結構います。こうした人の中には、屋根に乗ったまま女川湾をぐるぐる回っている間に助けられた人もあったそうですが、大半の人は、引き波と共に流されて行きました。

女川では人口の1割近い方が犠牲になりました。当然、その中には生徒の近親者も含まれていました。

ビルも倒壊した

女川の中心部には、公共施設などの大型の建物を除くと、ほとんど建物は残っていません。市街地には中層ビルもありましたが、そのうち三つのビルが倒壊しました。今回の地震は、四つの地震がつながって起きたために揺れが長期化し、土地の液状化が起きやすかったと言われます。そのため、中層ビルを支える程度のパイル（杭）では、支えきれなくなって倒壊したと考えられています。

女川の場合は、同じ町内でも地形によって、津波の高さが、20mから40mぐらいまで開きがあったようです。山が近いので、谷あいの狭いところなどに行くと、かなり高くなっています。しかも、津波は海から陸に向かって押し寄せる「押し波」よりも、海へ帰ってゆく「引き波」の方が速

女川町に残る倒壊ビルの一つ

く、強力です。だから、山を駆け上がるように40mまで上がった波が、次の瞬間からすごい速さで引いていきます。それがビルを引き倒すため、倒壊ビルはいずれも海側に向かって倒れています。

生徒は町の総合体育館に宿泊

震災の日、引き続き余震はありましたが、２時間ぐらいで津波はこなくなりましたし、時々雪も舞う寒さでしたから、生徒たちをいつまでも山の上にいさせるわけにもいかず、目の前で起きた町の惨状を見ると家に帰すわけにもいかないので、女川町役場の前にある総合体育館に泊まらせました。ここは、町内最大の避難所でもあります。

私たちは、柔剣道場を拠点に決め、避難の際に持って出た名簿と筆記用具を利用して、92人いた３年生の居場所確認をしました。しかし、夕方までに半分も把握できませんでした。これは大変なことになるんじゃないかということで、その晩は体育館で過ごしました。次の日からは学校に泊まりました。

情報不足に悩まされる

役場は４階建てですが、全部水没したので、情報網や行政機能が全部ストップしました。ですから、あの時、テレビやラジオでいろんなニュースが流されていたはずですが、聞けるチャンスはごくわずかでした。とくにラジオでは、女川のニュースはほとんどとりあげられず、全国でも女川はいったいどうなっているのかという感じだったようです。行政機能がマヒした上に、市街地が壊滅状態で、外からも入りにくかったのが原因だったようですが……。

今、災害時の情報網の確保が課題になっています。据え置き電話も携帯電話も不通になり、移動手段も奪われた中でも衛星電話は支障なく使えたのですが、衛星電話を備えている場所が限られていて、緊急時以外には使えませんでした。女川の近くに出島という島があり、そこには災害用に衛星電話が備えられていました。ところが、日頃は使わないので、充電してありませんでした。そのため、ここでは島ぐるみ音信不通になりました。停電中ですから充電もできません。幸い発電機が利用できたのでそれで発電し、充電してから衛星電話でヘリコプターを呼んで避難できました。

生徒たちが感動的な入学式を演出

4月になると入学式です。宮城県は、例年4月8日が入学式ですが、大惨事のさなかですので、県は4月21日から始めるように指示しました。ところが女川町では、例年通り4月8日にスタートすることにしました。実際には、その前日の7日に震度6の余震があったので、4月12日に入学式をおこないました。女川町の入学式は県内で最速でした。中学校の入学式ですが、とうぜん制服はなしです。

学校の建物は、講堂以外はほとんど被害がありませんでしたが、講堂は天井が落ちて使えませんので、始業式は、新入生と父母・教職員だけ入って、図書室でやりました。

図書室に入れなかった2年生と3年生は、廊下で待機していましたが、その存在を忘れるほど静かでした。だから1年生や父母たちは、上級生の存在に気付かなかったと思います。それが、校歌斉唱の段になると、突然全員で歌い出したのです。廊下から歌った校歌に迎えられて、本当に感動的な入学式になりました。

2011（平成 23）年度、制服なしの入学式

学校で活き活きした生徒たち

女川中学校では、こうして被災1ヵ月後から授業を始めましたが、通学する生徒たちは散り散りになっていますし、主要道路は再開していましたが、通学には不便です。そこで、私たちは、春休みの間に通学コースを調べて、停留所を作り、バスをチャーターして、遠方からでも通学できる条件を整えました。

しかし、こうした混乱状態の中で生徒たちを学校に行かせるのは、送り出す方としては大変なのではないか、という心配もありましたが、結果的には、授業開始時期を早めたことは大正解でした。生徒たちは、学校に来て、友達と会って、先生と会って、山の上なので、惨憺たる町の姿は見えない。それがすごくよかったと思います。

学校へ「お帰り」

あの頃、学校で、笑ったり活動したり勉強したりした後、「さようなら」という時に、私は口では「さようなら」と言いながら、心の中では「行ってらっしゃい」という気持ちでした。生徒たちは、これから延々と続く瓦礫を見ながら、段ボールで仕切られた避難所へ帰ります。着の身着のまま過ごして、次の日にまた学校へ「おはようございます」と入ってきます。迎える私の気分は、「お帰り」でした。

しかし、考えてみると、学校とは本来そうあるべきではないかと思います。学校に何かを期待する。楽しいことがありそうだ、成長できそうだ、何か学べる、生徒たちはそういう期待があるから来るんです。私たち教員は、平素から、送り出す家族の存在を、意識しなければいけなかったことを、教えられた気がします。

ボランティアに励まされた

このようにして始まった学校では、楽しみもいろいろとありました。特にいろいろな人がボランティアに来てくれたことは、生徒たちを楽しませました。芸能人もおおぜい来てくれました。女川中学は中村雅俊さんの母校です。そういう縁もあって、何度も来てくれました。お相撲さんや吉本興業も来てくれました。震災1ヵ月後の4月17日には石原軍団も来て、おばさん先生たちも大喜びでした。渡哲也さんや舘ひろしさんがカレーライスとか豚汁とか焼きそばを作ってくれたのですが、それまでまともな食事は食べられなかったので、生徒たちは大喜びしました。

渡哲也よりも、カレーライスに大喜びした様子でした。大盛りにしてもらった生徒がいて、食べ始めたが全部食べられないんです。食べ盛りの子でも、1ヵ月満足に食べないと胃袋が小さくなるのでしょうか。21世紀のこの飽食の時代に、非常に辛かったことを覚えています。

祭りの後の落差を埋める

こうした様々な支援やタレント来訪、コンサートや炊き出し慰問により、激変した生活にひと時の楽しさを味わわせてもらったことは、確かです。テレビでしか見られなかったタレントさんを、目の前で見られる。その人がカレーライスをよそってくれた。いずれも、一生で一度きりの経験でしょう。だから、その時は生徒たちの表情が明るくなって嬉しいのですが、こうした人たちが帰った後、また避難所や仮設住宅へ帰って行く。この落差を何とかしないといけないと思っていました。

例えば、女川中学校で使っている３年生の国語の教科書の一番最初の題材は、中島みゆきの『永久欠番』という詩です。内容は、どんな立場の人であろうとも、いつかはこの世におさらばする。町は、一人ひとり死んでも変わらない。かけがえのないものなんてないと風が吹く、という出だしの詩です。最後は、いや、そんなことない。一人ひとりがかけがえのない存在なんだ、というふうな詩なんですが、この詩を授業でどんなふうに取り上げるか。身内がなくなった生徒もおおぜいいる中で、どう扱うか。最初の教材から「ここは飛ばします」とも言えないので、とても悩みました。

そんな時に、日本宇宙フォーラム（一般財団法人）の方から、俳句作りを勧められました。

Ⅱ　国語教育に俳句作りを取り入れる

新しい教育手法として句作を試みる

宇宙フォーラムでは、震災前から子どもの作品を載せて宇宙に打ち上げようというプロジェクトが進んでいて、ちょっとした縁から、女川でどうですかと提案されたのです。それで、国語科の私が授業をすることになりました。

まだ震災後２ヵ月しかたっていない、町は瓦礫だらけ、そんな時に、生徒たちに素直に想いを詠(よ)んでごらんと言うわけです。そんなことやって良いのかな？という心配もありましたが、思いきって俳句を書かせました。結果は、これまでの授業で、こんなに集中した経験がないほど、生徒たちは夢中になって五七五を考え始めました。

生徒たちの最初の作例

2011年５月につくらせた生徒の作品を、何点か紹介します。

「ふるさとを　奪わないでと　手を伸ばす」

「ただいまと　聞きたい声が　聞こえない」

こういった句が次々に生まれました。

「勉強中　君と笑った　あの時間」

この俳句を作った生徒は、今回の津波で姉を亡くしました。毎日、家でけ

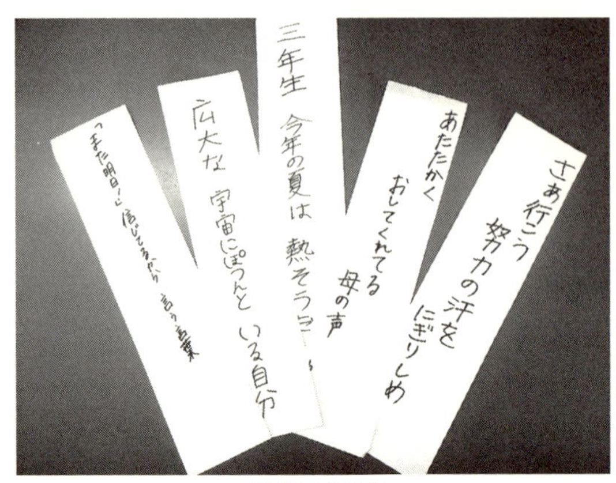

３年生の作品例

んかしながらも、同じ勉強部屋で勉強していた姉を、突然亡くしたのです。津波なんかに負けないぞとか、そういう単純な歌は１句もありません。

家族を失ったり、家を失ったりした生徒もいますので、震災のことを詠んでもいいが、部活のことでも、テレビのことでも、食べ物のことでもいい。書かなくてもいい、と言ったんですが、ほぼ全員作りました。辛いはずの状況の子こそ一生懸命詠みました。じっくり読んでみると、写真やビデオよりも、よほど震災の様子や生徒たちの心が伝わってくるように思えます。

俳句ではなく作文でもいいんですが、作文だとたぶん書けない気がします。作文や絵は得意・不得意もあるし、自分の思った通りに表現することは難しいのですが、五七五なら何とかなるようです。余計な説明も要らないし、いろんな言葉を選んでいるうちに、生徒たちはピタッと合う言葉を見つけます。

「みあげれば　ガレキの上に　こいのぼり」

この句は、ずっと下ばっかり向いて、辛いな、しんどいなと思っていたゴールデンウィークのある日、「でも下ばっかり向いてたら駄目だな」と見上げたら、誰かが鯉のぼりを上げていたという句です。

「見たことない　女川町を　受け止める」

「信じられない」でも「受け入れる」でもありません。「受け止める」とあります。

私はこの俳句に、とにかく事実として受け止める、それが必要なのだと教えられました。現実を受け止めて、後は目をつぶってもいいし、休んでもいいし、或いは何かを誓っても、何かを頑張ってもいいんだと思いました。彼女が辿り着いた言葉は、「受け止める」でした。

「ありがとう　今度は私が　がんばるね」

この句を、最初、私は自衛隊などいろんな方々の支援に対する俳句だと思いました。「こういう俳句があったよ、皆も頑張ろうぜ！」「おー！」という感じで読んでいたのですが、よくよく読むと、ここに「ね」があります。「頑張るぞ」でも、「頑張ろう」でもなく、「頑張るね」です。これは、身近な人に対する言葉だなと気づかされます。後で聞くと、かわいがってくれたおばあさんへの言葉だと分かりました。

国語の先生なのに、一つひとつの言葉をこんなに吟味した授業は今までしていませんでした。

生徒たちの受け止め方

これらの俳句を作った生徒が高校生になってから、この俳句の授業を振り返る座談会をしました。そこで出た発言によると、生徒たちは最初、「え、なんで俳句なの」「この震災のぐちゃぐちゃになった時に、どうしてこんなことしなくちゃならないのか」と、思ったそうです。しかし、作り始めたら、震災後初めて震災のことを考えられたと言っていました。混乱した日常の中で、初めて自分や周りを見つめる機会になったようです。しかも、当時、全校生徒は約200人でしたが、作文を200人分読めと言われると簡単ではありませんが、俳句だとすいすい読めます。だから、ほかの人の句を見て、「この人は俺と同じ気持ちだ」とか、「こんなふうに考えている人もいるんだ」と思えたのが、良かったと言っていました。

生徒の句に見る半年間の変化

俳句つくりは、国語の授業として半年ごとにすることにしました。次は

2011年11月の句です。ただ、中学生ぐらいだと、同じことを何回もやると飽きて、マンネリになることがよくあります。だから、いい加減にやる子もいるだろうと予想していたんですが、生徒たちは待ってましたとばかりに取り組み、前回同様、提出を強制しませんでしたが、出された作品数は増えました。

「和歌山で見た　故郷への　募金箱」

震災後は、和歌山県や三重県など各地から支援をいただいたし、修学旅行や体験学習、ホームステイなど、いろいろな形で生徒たちを招待して頂きました。いずれも好評でした。それで和歌山県に行った生徒たちは、町中にあった東北支援の募金箱を見て、それを俳句にしたのです。

「家の跡　今その場所に　花が咲く」

震災以前にはごく当たり前であったことが、ふと見たら、新鮮に見えたことを素直に詠みました。

「避難所で　ハエを叩いて　じじばば笑顔」

女川や石巻では、冷凍倉庫が壊れて保管していた魚などが腐りハエが大発生しました。そこで、ペットボトルでハエ取り器を作ることが流行りました。ペットボトルの中に酢と洗剤と、何とかを入れて、横に穴を開けておくと、ハエが勝手に入ってくる。しばらく置くと黒いテープが巻いてあるようにたくさん捕れました。ハエ退治は避難所でも家庭でも大ごとだったのです。この生徒はずっと避難所暮らしでしたから、辛い中でも笑えたこともあったことを、句にしたかったんだと言っていました。

生徒達からのビデオレターより

「風光り　女川町に　希望あり」

この生徒は、学校に行く時、瓦礫を撤去する人たちを見て、瓦礫が撤去された周りがとても輝いて見えた。そして、日に日に瓦礫が減っていくのを見て、希望が出てきたので、この句を作ったと言っていました。

「夢だけは　倒せなかった　大震災」

この俳句を思いついた生徒は、震災直後に震災で何もかも流されてしまったが、家族や友達がいたから夢は失わなかった。僕は、人がいる限り夢はなくならないと思っている。だから、復興はできると思ってこの俳句を書いたといいます。

「頑張れと　囁く町の　風の声」

この句は、震災後の町の様子を見に歩いていたら、震災のことを超えるような心地よい風が吹いていて、それが頑張れと囁いているように聞こえたことから生まれた句です。

被災１年後の句

3回目の俳句の授業は、被災１年後の５月に行いました。

「何もない　女川町に　桜咲く」

2011年の５月にも桜は咲いていたんでしょうが、桜の花で詠んだ生徒はいませんでした。生徒たちの気持ちにも風景を見まわすゆとりが生まれてきたようです。２年目になると、桜以外にも、中学校総合体育大会や部活動のことなど、バラエティに富んだ俳句が増えてきました。

被災した年に２年生だった生徒は、その５月に、

「春風が　背中を押して　吹いてゆく」

と詠みました。何かに背中を押されていないと進めなかったと言います。

11月には、

「女川の　止まっていた時間も　動き出す」

同じ生徒が３年生の春には

「温かい　音のする　支援のフルート」

という句を詠みました。この生徒はブラスバンド部ですから、支援して頂いた楽器に感謝しつつ使わせてもらっている気持ちが伝わってきます。

Ⅲ　復興への諸課題を検討

帰らぬ人への空白感

震災から１年経った頃から、気持ちが落ち着き、穏やかになってきた一方で、被災直後には日々を生きるのに夢中だったのが、いろんなものが回復す

る中で、どうしても帰って来ないものに対する喪失感はむしろ深くなりました。その最たるものは命でしょう。これは大人も生徒も同じです。阪神大震災でも同じような現象が起きたそうです。3年目頃まででは、それがじわじわと強まると聞いています。

こうした体験とどのように向き合わせるか。蓋をするのか、目をそむけるのか。いずれも無理だと思います。一番典型的な例は、毎年3.11が近付くと、各テレビや新聞で特集される『あの日を忘れない』シリーズです。こうした企画を避けようがなく、目を背け続けるわけにはいきません。

自分の心を整理する「言葉」

私は、学校の防災担当者として、生徒たちに「最大の防災はあの体験を忘れないことだ」と強く言っています。生徒たちもそう思っていますが、他方で、あの震災や津波の体験を思い出すことや、伝えることは辛くもあります。生徒たちも大人もそうです。

それとどのように向き合うかが課題です。俳句は、事柄を見つめ、適切な言葉を探す作業ですから、はからずも心のケアにもなったし、あの体験を忘れず、自分で心の整理をする役割を果たしたと思われます。俳句で重視する「言葉」は、人に情報や意思を伝える手段であると同時に、自分の気持ちと向き合う大切なツールでもあることに、改めて気づきました。

生徒たちが町政を見直す

中学1年生の「社会」の授業で最初に取り組む、「身近な地域」という単元があります。生徒たちに一番身近な地域は当然女川町ですから、甚大な被害を受けた女川町を、これからどうするのかという話になりました。そのまま自然発生的に生徒たちの中で「津波対策委員会」というものが組織され、社会の授業を中心に、津波から町を守る方法が次々と話し合われるようになりました。

生徒たちの救急訓練

「僕らがやります。任せて！」

最初は「避難の方法」に論議が集中しました。ところが、震災の時に、ある区長さんが地域の家々を回って「逃げろ！逃げろ！」と言って歩いたが、何軒かは「大丈夫だろ」と言って逃げなかった。区長さんは、そうした人も避難させようと何回も家々を回っているうちに、自分自身が流されてしまった事例が話題になりました。この話を紹介した生徒は、「いくら避難しろと言っても避難しない人がいる。どうするの？」と言ったので、そこから地域づくりには「絆（きずな）」が重要だ。「地域の絆」を作るというテーマができました。

それから、避難は大事だが、適切な道がなくて容易ではないことが話題になり、「高台に避難できる道路の整備」。さらに、夜間に備えて、「照明を付けよう」という提案がまとまりました。

そして、「他の地域の人や後世に伝える」ことを加え、「絆」「避難」「記録」の三つの対策案をまとめました。

生徒たちは、これらの提案を報告する会を開き、町長、町会議員の皆さんに、堂々と発表しました。その席上で、「それは難しいんじゃないか」という質問も出ましたが、生徒は「それは今までの話です。僕たちがやりますので、任せて下さい」と、スパッと答えました。私も傍聴していましたが、かっこよかったですね。

「千年後の未来の命を救います」

「記録に残す」活動の一つである「いのちの石碑プロジェクト」では、生徒たちは町内の石碑を調べました。昔の人が津波到達地点を示すために建てた石碑があったのですが、それが津波の石碑だと知られていなかったり、道路の造成などで移動してしまった石碑もありました。そこで生徒達は、津波が到達した21の浜全てに、同じ石碑を建てようという計画を立てました。石屋さんを呼んで、経費も見積りました。21基建てるためには1,000万円が必要とわかり、募金活動を行っています。

今の合言葉は、「千年後の未来の命を守る」です。千年後に、「千年前の人が俺たちのために残してくれた」ことが伝わる方法を、議論しています。

（全国から寄せられた募金は2013年9月に1,000万円を突破し、設置場所が決まった浜から、建立が始まっています。）

テーマは「備えること、生きること」

私たちが取り組んでいる防災教育のテーマは、「備えること、生きること」です。災害から受ける心のダメージのケアや人間関係づくりも、減災・防災の一つだと考えています。むしろ、それが避難訓練や避難マニュアルよりも大事なことかもしれません。女川中学校のホームページには、次ページ下に示したような「災害時避難マニュアル（教室掲示用）」を掲載しています。

避難マニュアルは、以前から作られていて、教職員用の「書類綴り」にはありましたが、日常的に生徒に伝えておくことが大事だと気づいたので、「教室掲示用」に整理し直して、全部の教室に掲示しました。

従来の「避難マニュアル」は、命を守るものではなく、教育委員会に提出するためのマニュアルに過ぎなかったのかもしれません。それでは実際の役には立ちませんので、普段の時から意識しておく必要があると思います。しかも避難マニュアルは、震災の時には、停電や体育館の損傷で役に立ちませんでした。だから、必要ではありますが、あまり当てにしてはだめだと思います。

インターネットや携帯電話も、平常時には便利なものですが、災害時には

「女川いのちの石碑」除幕式

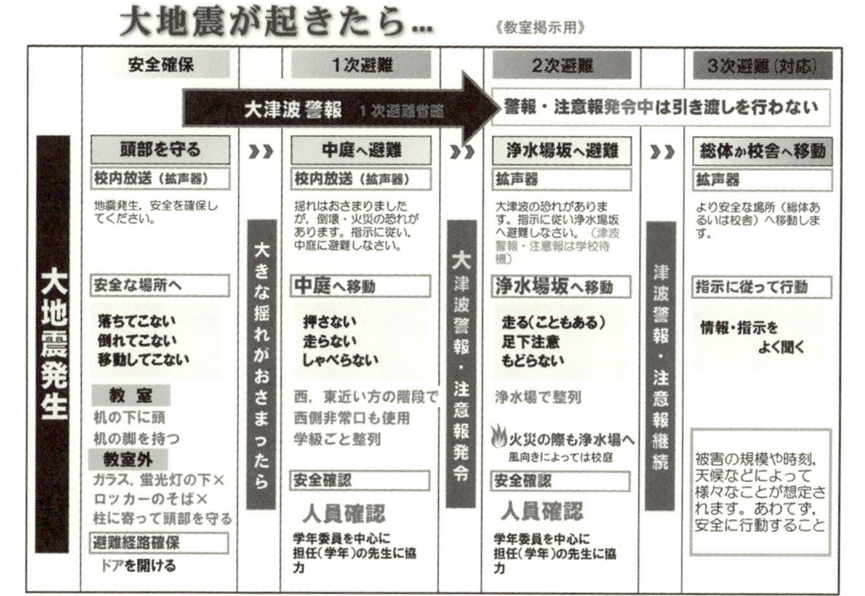

女川中学校の「避難マニュアル（教室掲示用）」

ほぼ使えません。電気やガス、ガソリンもストップしてしまいます。女川には原発もありますが、停電しました。そういうものに頼らない対策が必要です。

Ⅳ　娘・みずほのこと

娘の死亡を知る

女川中学校の卒業式は、3月12日の予定でしたが、その前日の大震災のため、1週間後の3月19日に延期しておこないました。その前日の18日に、うちの娘・みずほの火葬をしました。娘は石巻市立の大川小学校6年生で、3人兄弟の末っ子です。震災後、私は総合体育館や学校に泊まって、生徒の安否確認や学務処理に追われていました。私の自宅も、娘の通う大川小学校も、津波の心配はないところでしたので、家族の事は気になりつつも心配はしていませんでした。

3月13日のお昼に、家内と当時高校3年生だった息子が、私を訪ねて女川中学校に来ました。道中難儀しながら、途中からは歩いてきたそうです。私は佐藤家で一番大変な状態にあるのは自分だと思っていましたので、てっきり私を心配して来てくれたと思いました。そこで、「なんだお母さん、心配することなかったのに」と言ったら、家内が泣き崩れました。

遺体確認

娘が通っていた大川小学校は、山に囲まれた場所にありましたから、津波が来ても山に逃げるだろうと思って、全く心配していませんでしたので、なぜ津波に遭ったのか信じられませんでした。

13日の夜に一本だけ通れるようになった道路を使って帰り、14日の朝、大川小学校に行きました。学校の近くを流れる北上川（追波川）の堤防が、800mぐらい決壊して通れず、用意されていた船で新北上大橋近くまで行きました。上陸すると、橋のたもとに30人ほどの生徒の遺体が並べられて、ブルーシートを被せられていました。全員知っている子たちです。「みずほちゃんはこの辺だよ」と教わって行ったんですが、顔は一応拭われていたもののまだ泥だらけで、判別がつきません。結局、最初に「この子かな」と思った子だったんですが、家内は直視することもできずに、「違う、違う」と言うので、全員確認したうえで最初に見た子に戻りました。

娘はまるで眠っているようでした。気を付けしたような形で横たわり、水も飲んでいませんでした。寝かされた子の中には、爪の中に土が残る子や、手を上げたまま服が脱げて裸で硬直した子などもいました。一体一体、胸が締め付けられるような思いでした。

津波は水以上に破壊力が大きい

津波は、水の威力も物凄いんですが、家や車や木材、石などを一緒に運んでくるので、その破壊力が強大です。うちの子はスクールヘルメットを被っていて、頭や顔は大丈夫でしたが、こめかみに「あざ」があったので、多分流れてきたものにぶつかったのだと思います。海岸には防潮林の松林があったのですが、今回は防潮林が全部なぎ倒され、それも凶器になりました。

娘の遺体から涙

うちの娘は13日の朝見つかったそうです。それから1日たっていましたが、もう一度顔を拭ってやると涙を流しました。自分たちで軽トラックに積みました。物と同じですが、ほかに方法がありませんから、みんなそうしていました。

遺体安置所には次から次へと運ばれてきますが、改めて一体ごとに身元確認がおこなわれ、納棺されます。それが終わらないと引き渡してもらえません。15日に再度出かけ、その夜トラックに棺を乗せて、振動するので高校生の息子に押さえさせて、毛布を被せて帰宅しました。火葬は、18日に順番が取れましたが、娘はそれまで毎日涙を流していました。

バレー部を楽しみにしていた娘

みずほは、大川中学校への進学をすごく楽しみにしていました。私も家内も中学校の教員ですし、お兄ちゃんお姉ちゃんも大川中学の卒業生です。しかも、私はバレー部の顧問。息子もお姉ちゃんもバレー部でしたから、自分も中学ではバレー部に入ると言っていました。

2月27日は日曜日で晴天でした。そこで娘が「お父さんバレーボール教えて」と言い出しまして、私と、お姉ちゃん、お兄ちゃん、本人の4人で、

女川中学のバレーボール練習

珍プレー続出のバレーボールの練習をしました。これが、最初で最後のバレーボールの練習になりました。震災の3月11日は、近くの服屋さんへ、祖父、祖母と制服を取りに行く日でした。

私が勤務しているのは、娘が憧れた中学校です。だから、いっそう良い学校をつくりたいと思っています。同時に、改めて、一人ひとりの生徒の命を守り、輝かせる、学校づくりをしたいと強く思っています。

大川小学校への複雑な思い

大川小学校の被災については、複雑な事情が絡み合い、何となくすっきりしない状況にあります。大川小学校では、発災時に学校管理下にいた108人の全校生徒の内、74人が死亡または行方不明です。津波が来たときに、実際に校庭にいたのは78人でした。早く帰った子や親が迎えに来た子、習いごとのために親と一緒に帰った子もいます。こうして20数名がすでに帰っていて、校庭にいたのは78人です。そのうち4人だけが助かりました。先生方も11人の内10人が亡くなりました。皆いい先生で、先生方を非難する気はありません。でも、大津波警報が鳴り響き、山に逃げようと子どもたちも訴えていながら、寒い校庭に50分間居続けた原因は検証しなければなりません。

今は、学校対遺族、あるいは教育委員会対遺族、みたいな構図になりつつありますが、私は教員としての立場で、先生たちは間違いなく一生懸命だったと確信しています。生徒を守ろうとして一生懸命だったが、それにも関わらず全員が被害を受ける結果になった理由を、先生方のためにもきちっとして頂きたいと話しています。

私は遺族であり、教員でもありますから、教育委員会の先生も全員知っています。一緒に勤めた人もいます。だから、これまでは発言を差し控えてきましたが、むしろ、大川小学校の遺族で一番発信すべき立場にいるのではないかと思い始めています。

V　結び

防災教育のありかたを再考

私は、防災教育の目的を、最初は、学校は何が何でも生徒を守ることだと考えていました。私たちが生徒を最大限守るのは当たり前のことです。ところが今回、私の知人で、関東から親戚の家に遊びに来ていて津波で亡くなった人がいます。海に不慣れですから、津波も避難先も知らなかった可能性があります。

反対に、海辺暮らしの私たちが山で事故に遭うかもしれません。今は、日本でも世界でも、いつどこで何が起こるか分からないし、山育ちの人が海に行くことだってあります。防災教育では、その時に、「逃げろ」と言える人を育てることだと考えています。どんな状況の中でも「逃げろ！」と、本音で「逃げよう」「命を守ろう」と言える力を付けたいと思います。

自然は平等、危なければ逃げる

生徒たちには、大自然は平等なものだ、と話しています。津波を見ても、どんな立場の人にも襲いかかりました。子どもにも容赦しなかった。太陽がどんな人にも平等に降り注ぐのと同じだ。津波を憎むのではなく、私たちは自然に畏敬の念を持つ必要があるのではないか、私たちは「自然に生かされている」という思いを持ち、「危なければ逃げる」「とにかく逃げる」。日頃からそういう備えが必要だと思っています。

自然の力について、私たちが知ったかぶりをして、分かったように考えているようでは駄目だと思います。想定外などと言いますが、想定はあくまでも人間の勝手な想定です。それが「限度」を示している根拠はありません。

一方で、今は、耐震工事が進み、地震そのもので建物が壊れることは少なくなりました。だから、昔のように、「地震だ、すぐ逃げろ」と慌てるよりも、まず状況を判断することが求められるようになってきています。避難訓練なども、そうした意識ですることが必要になっています。

社会的意識も変化

1995年の阪神淡路大震災で災害への備え方に変化が起き始め、東日本大震災後は決定的になった変化があります。かつてこの地域は、災害が起きた地域だというのはイメージダウンになると考えられてきました。津波が来る場所も同様です。ところが今は、ここも危険だ、だからこの地域での人たちはこういう対策を講じている、と言える地域の方が安心されます。防災教育も、そうした変化を踏まえて考えようとしています。

そこで、最後に、今年（2013年）5月に生徒たちがつくった俳句を数句紹介します。

「バドミントン　先輩たちは　外だった」

「狭い仮設は　新しい思い出で　いっぱいに」

この前、女川中学の生徒たちが、修学旅行先の東京で、自分たちの津波対策案や石碑について発表してきたんですが、最後に「女川の自慢は何ですか？」という質問が出たのに対して、生徒は、きっぱりと「海です。美しい海です」と、答えたそうです。

復興絵葉書

女川では、「復興絵葉書」という次ページの写真のような2枚セットの絵葉書が作られました。1セット200円です。絵は2枚とも女川中学の生徒が描いた作品です。

女川の復興絵葉書（２枚組）（左：女川の海、右：生きる）

１枚は、その震災前の夏休みに、「私の好きな女川の海」というテーマで描いた絵です。東北海の絵コンクールで入賞した作品です。もう１枚は、震災直後に描いた絵です。変わり果てたふるさとの絵を描かなければ！と思ったそうです。絵筆を持つのは辛かったのですが、「描いて」という亡くなった友達の声が聞こえてきて描き上げることができたそうです。ガレキの中で、壊れた人形のように見えるのは遺体です。木の枝のように見えるのは、ちぎれた腕です。しかし、その横では子どもたちがスコップなどを持って、しかも手を繋いでいます。一緒に立ち向かおうとしているようです。

佐藤敏郎氏プロフィール

宮城県女川町の女川町立女川中学校教諭。国語担当。1963年石巻市生まれ。女川町生涯学習センター社会教育主事を歴任し、2005年度から女川第一中学校勤務。2012年度から防災担当主幹教諭。2011年３月11日の東日本大震災では、石巻市立大川小学校６年生だった娘さんが津波で亡くなられた。その後、大川小学校遺族らと共に「小さな命の意味を考える会」を組織して活動。教員としてのモットーは「向き合う教育」。（2014年度から東松島市立矢本第二中学校勤務）

第2章　東日本大震災を乗り越えて学んだもの

株式会社三森コーポレーション代表取締役　守屋 隆之

Ⅰ　私と自動車部品リサイクル

自動車部品リサイクル業を始めた経緯

本論の前提として、私が自動車部品のリサイクルに関わることになった経過を、簡単に紹介しておきます。

私は、仙台の中心部から北東に3～4km離れた鶴ヶ谷という山奥の生まれでした。今は仙台市の宮城野区内です。父は、林業をやっていました。高校時代に、実家の隣に住む先輩から光森自動車商会という自動車の解体屋さんでシートを抜くアルバイトに誘われたのが、自動車リサイクルに関わるきっかけでした。解体する車の席に使われているシートを、草刈り鎌で切り取る作業です。夏休みや週末はほぼこの作業で明け暮れました。

ある日、自販機業者から「ベンダー（販売業）」の仕事をするように勧められ、父親に保証人になって貰って設置契約を結びました。ところがその3ヵ月後に自販機業者が倒産し、商品補給が途絶えて、借金だけ残りました。幸い商品を補充してくれる人が現れて復活でき、そこそこ収入が得られましたので、中古の自動販売機を修理して使う方法で営業を拡大し、アルバイトと自販機収入で大学（東北学院大学）の学費も支払いました。

卒業近くになり、大学4年生で、就職先として光森自動車商会に申し出たところ、即採用。ところが、翌年4月1日に出勤すると、意外にも廃業するという話。協議して、1980（昭和55）年10月に「のれん」を譲ってもらう形で、私が三森自動車商会の経営者になりました（屋号は変更）。

多難な中で同業者組織づくり

経営には素人で、当初は自動車の解体と少量の解体部品販売だけでした。

その間に起きた1973年と1979年の石油ショックの影響で経営不振に陥り、悩んでいたところ、知人から自動車リサイクル部品販売の全国ネットへの加入を勧められ、加入させてもらいました。半信半疑の参加でしたが、自動車部品のリサイクルは、本当に幅が広く、いろんな展開ができることがわかりました。それまでの、車を集めて解体すれば仕事になると考えていたのは「井の中のカワズ」であったことがわかり、同業者間の取引を拡大して、1992年には株式会社三森コーポレーションに改組することができました。

また、組織の代表の方から「組織自体をもっと拡大すれば、自分の会社も大きくなる」と言われ、「ネットワークの力」を知りました。実際にこの方と活動していく中で、組織が大きくなるといろいろなことができるようになることを実感しました。この経験が、大震災後の被災車輛の処理に大いに役立ちました。

グローバル・ネットワークの構築

同業者組織を拡大する間に、世界の自動車リサイクルのネットワークを作っていこうということになり、まず全日本自動車リサイクル事業連合(JARA)というNPO法人を作って、アメリカやヨーロッパ、アジア、カナダ、オーストラリアで、同じ自動車のリサイクルをやっている人たちに呼びかけ、世界規模の自動車のリサイクルネットワークを構築しました。

もう一つ、私は今「在仙台フィジー共和国名誉総領事館名誉総領事」という仕事をさせてもらっていますが、フィジーとの繋がりは、NPO法人JARAが南の島に輸出された車が使い捨てになっているという情報をキャッチしたことから始まりました。海岸など各所に放置されて、大変な状況だということでした。そこで数年前にパラオ共和国とフィジー共和国に調査に行き、その調査資料をフィジーの大使館へ持参して説明しました。

その席で大使から、「フィジー共和国を日本の東北地方にもっと知ってほしい」というお話が出て、それをお引き受けしたわけです。

Ⅱ　震災当日とその直後

東京で会議の合間に地震が起きた

東日本大震災が起きた3月11日、私たちは東京・港区芝の田町で、JARAグループの総会を開いていました。当日は、午後の早い時間に総会が終了し、15時から同じ施設内で事業方針検討会を開く予定で、多くの参加者が会場に来ていました。私もその会場にいました。開始時間前の14時46分過ぎに、「グラグラ、グラグラ」とかなり激しく揺れました。「地震だな」と思ったのですが、会場の皆さんは静かでした。2回目でまた「グラグラ、グラグラ」と来て、コーヒーや水のコップが倒れました。

「これは大変だ、みんな一度外に出よう」ということで、1階のロビーに上がったのですが、その間もかなり激しく揺れ続けていました。間もなく、ロビーのテレビが地震のニュースを流し始めて、「どうも東北地方がひどいらしい」という話だったんです。私たちは、驚きはしましたがそれ以上の騒ぎにはなりませんでした。しかし、とても会議をしている状況ではなく、テレビを見ていると次々と新しいニュースが流れ、容易ならざる規模だと知るようになりました。

引き波で海底が見えた！

震源地は宮城県沖の広範囲にわたる地域であったことや、プレートに起因する海溝型の地震であったことなどが後で明らかになりましたが、その時にはまだわかりません。断片的に映し出される景色の中には見慣れた風景もあり、いつもならきれいな海であった場所が、見る間に潮が引いて海底が見えるようになり、しばらくすると大きな津波が押し寄せるような映像もありました。

震源地に近い「金華山（石巻市沖の小島）」では19mぐらいの高さの津波が来たようです。私は東京でそうした映像を見ながら、「なんか凄いことになっている」と思いながら、テレビ画面を一生懸命写真に撮っていました。テレビに釘付けになっている間に夕方になり、その間に帰った人もありました。しかし、東北から来ている仲間たちは落ち着きません。

電話が繋がらない！

私もどうしたものか思案しましたが、「とりあえずちょっと冷静になろうや」ということで、夕方から予定していたパーティーの部屋へ行って、食事を取りながらそれぞれの会社や家族へ電話をしてもらいました。ところが、全く繋がりません。有線も繋がらない、固定電話も携帯電話も繋がりませんでした。

ただ、根気よくかけていると、運よく繋がって携帯のメールが送れることがありました。私も繰り返し会社へ電話しましたが駄目でした。それでも、3時間か、4時間してから、「社員の安否確認が取れました。仕入れ担当の一人だけが未確認です」というメールが１通届きました。

これで、とりあえずほっとしましたが、並行して掛けていた家族の方への電話も、全く繋がりません。実家の家がもう60年ぐらい経っているので、もしかしたら崩れたのではないかと思って心配していました。夜中もずっと電話し続けたんですが駄目でした。ちょっと諦めかけていた時に、娘から「家族は大丈夫だよ」という短いメールが届き、本当にホッとしました。

さあ、どうやって帰宅するか

実家には母親がひとり住まいしています。それも心配で、ともかく帰る準備をしなければなりません。テレビを見ながら、夜中、「どういう方法で帰るか。帰るのにどんな準備が必要か」をずっと考えました。そして、まず、できるだけ状況をきちんと把握することにしました。

数時間おきにしか繋がらない携帯電話のメールだけが頼りでしたが、なんとか状況が把握できたので、会社の役員には「とにかく家族を守るように」という指示を出して、全員帰宅させました。間もなく、それぞれの役員から「家族も全員無事」という連絡が入ったので、安心しました。

同宿した東北の仲間と、翌朝6時にロビー集合としてありましたので、夜中どうやって帰るのが一番よいのか考えました。飛行機は、仙台空港はやられたし、花巻や青森も難しかろうと考え、列車もこの状態では動かない。阪神淡路大震災の例を考えると、高速も難しいかもしれないと考えている間に、埼玉の仲間を頼ることを思いつきました。埼玉まで行ってそこで車を借り、国道を走っていこう。この状態では、仙台ではいろんな物資が不足しているだろう、燃料もないだろうから、そうしたものを調達して帰ろうと考えました。

500人分の物資を手配

11日の夜の間に、東北のメンバーの社員と家族の人数を数えたら、ざっと500人ぐらい居ることがわかりました。そこで、500人分の各種物資と水と、食料関係を調達することにし、埼玉の仲間にライトバン2台とトラック2台を都合してもらうように依頼しました。相手は即座に引き受けてくれました。次の日、6時に皆がロビーに集合した時に、「俺は飛行機で帰る」「新幹線が動いているみたいだから、俺は新幹線で帰る」などという人もいたので、そうした人には希望通りにしてもらって、私と一緒に帰る人を訊ねると10人が同意してくれました。

徒歩で埼玉へ向かう

チェックアウトして芝公園の近くを出発したのが、12日朝の7時。そこからずっと歩いて埼玉へ向かいました。直線距離でざっと30kmの距離です。途中で「電車が動き出した」という情報が入ったので、さっそく電車に乗ったのですが、動いたと思うとすぐに止まって15分ほど停車。動くとすぐに20分停車というような状況でしたから、1時間半ほど乗ってもいくらも進みません。

これではいつ着けるかわからないのでもうやめようということで、電車を降りてまた歩き、建設中であったスカイツリーの近くを通って、埼玉の越谷を目指して歩きました。ちょうど埼玉県に入ったあたりでタクシーが動いていたので、そこからは分乗してタクシーで埼玉の目的地へ辿り着きました。着いたのは14時半ぐらいだった記憶ですから、7時に出発して7時間半ほどかかりました。

非常用物資の調達

着後は、急いで物資の調達です。メモしておいたうち、軽油やガソリンは仲間のところにあったのでそれを貰い、灯油や食料品、電池などを手分けして買い集め、3時間ほどで予定の買い物が終わりました。ほぼ17時で、あたりは薄暗くなって来ていましたが、トラックに満載して出発しました。

ところが、出発はしたのですが、国道は渋滞で動きが取れない状態でした。国道4号線を北上したのですが、途中、福島で国道が土砂崩れで通行止めという情報をキャッチ。じゃあ迂回しようということで、相馬を経由して行きました。その時点では、まだ、福島原発の事故は知りませんでしたから、結果的には放射線の警戒地帯を走ったわけです。

無惨な道路状況

途中の道路はいたるところがひび割れて、ほんとうに無惨な状況でした。場所によっては道路が通れず、民家の庭を通り抜ける場所もありました。後で考えると、住民は避難して無人の私有地を道路代わりにしたことになります。ともかく通れそうなところを探しては迂回を繰り返して走りました。あたりは暗いが電灯は全く点(つ)いていません。ヘッドライトだけを頼りに、手探り状態の走行でした。運転は交代しながら走ったのですが、こんな状態ですから早くは走れません。途中でまた国道に戻り、翌朝7時半ごろに仙台に到着しましたが、本当に疲れました。

途中、福島県から宮城県へ入った時にも、周囲には全く光が見えず、本当に普通じゃないなと実感しました。夜が明けても誰一人見かけませんから、とんでもない状況になっていると思いました。

ヘドロが侵入した現場を見る

目的のわが社に近づいたところで、先頭車に同乗していた一人が、「自分の会社へ立ち寄りたい」と言い出しました。「今はそれどころじゃない」「たぶん津波にやられているよ」「まず自分たちの家族を確認してからでいいんじゃないか」などと言っても、「ちょっと回り道すれば行けるので、どうしても立ち寄りたい」と言うので、全員で彼の会社へ行きました。

ところが、会社の前までは行ったのですが、津波のヘドロが建物の中に入り込んで、とても中へ入れる状況ではありませんでした。それで諦めて引き返したのですが、本人も含めて津波被災地の「現状」を見る結果になり、改めて覚悟を決めて、約1時間半後に4台・10人が私の会社へ無事に辿り着きました。仙台市宮城野区扇町です。津波被害は受けず、建物被害も軽微でした。

到着後すぐに、集めてきた物資や荷物を分けて、それぞれの家に持たせて帰しました。岩手から来ていた仲間にはトラックを貸して、それに物資や食料、燃料を積んで帰しました。

実家は傾き、工場は散乱した

私も、会社の全員が無事だったことが確認できたので、実家の様子を確認するため実家へ直行しました。到着してみると、古い母屋は12、13度傾いていました。玄関を開けたら、おふくろが涙ぐんで「生きててよかったなー」と言われました。胸が詰まり、ほんとに「生きてて良かった」と思い、ほっとしました。

私の住宅であるマンションの建物は無傷でしたが、屋内は散乱して足の踏み場もない有様でした。

会社は、震災の1週間前に新社屋が完成して、事務系だけが2階に移転していましたが、立っていられないほど揺れたそうで、ガラスが割れました。そのほかの部門は旧社屋からの移転を準備中でまだ移転していませんでしたので、復旧には手間がかかりませんでした。

工場は、高さ4mと5mのラックに乗せてあったエンジンが落下するなど、部品類が散乱しましたが、幸い人的被害はありませんでした。

こうして、会社の関係者や我が家の全員が無事であることが確認できると、やはり気になるのは事業の再建です。同業者や関係業者も、多くが当社と同じ状況になっているはずですから、そうした仲間たちのことも気がかりです。

宮城野区東部の被災状況

会社がある宮城野区や隣の若林区も、海岸部は被害がひどく、津波で壊された家屋の残骸や引き抜かれた樹木、生活用品などに交じって、無数の自動車も散乱しており、膨大な廃車が出ることが見て取れました。

Ⅲ　被災車輌のリサイクル処理を請け負う

まず対策本部を立ち上げる

被災状況が広範囲で、予想される廃車量も想像を絶する膨大さなので、最初はどうしたらよいのか見当がつきませんでしたが、とにかく皆で協力しないとできないことは明白でした。そこで、全国にいる仲間の協力を得る必要性を感じ、JARA の本部へ相談の電話をしました。本部の代表者は「すぐ対策本部を立ち上げてくれ」という返事でした。間もなく、秋田県の同じ組織の仲間である土門さんという人が来てくれて、その協力を得て対策本部開設準備を始めました。土門さんは、長期滞在が可能ということでしたので、生活物資や食料、燃料、衣類などを用意しました。自分の会社があるのに、その後１年半にわたって仙台に常駐してくれて、対策本部の陣頭指揮や「配給」を担当して貰いました。本当に助かりました。

対策本部の具体的な活動としては、まず、全国の JARA メンバーや他の団体に呼びかけて、人的、物的な応援を頼み、被災した同業者やその家族を援助することにしました。この呼びかけに応じて全国から仲間が集まり、JARA の代表者を迎えて対策本部を立ちあげてくれました。

支援物資配給の現状

支援物資は主に全国の仲間から送られてきましたが、即座に捌かないとたちまち山になってしまうので、配給は大変な実務です。とくに最初は、各社あてにとにかく様々なものが届きました。いずれも善意でしょうが、こちらの必要性などにはお構いなしに、何でもかんでもという感じで送られてきます。各社は、被災して置き場所もないので困るということで、私の会社の200坪の工場2棟を物資倉庫として提供しました。だから、毎日、そこへ全国から物資が届きました。

一方、町の中は食べ物や物資がなくて殺気立ってきました。暴動のようになって、近所のコンビニやスーパーから勝手に持ち帰る事態も起きました。そこで、コンビニやスーパーマーケットは、入り口をベニア板でふさいで自衛しました。商品補給もできなかったので、休業したわけです。だから、震災後しばらくは、津波被害に遭ったかどうかに関わりなく、東北各地で買い物ができなくなり、大変困りました。

我々の方は、毎日大量の物資が届いて仕事になりませんから、夜中に到着するようにしてもらいました。夜の12時に支援トラックが到着し、仲間を呼んで物資を下ろして、次の日に各会社や家庭へ配ります。同業者ではない、周辺の困っている人達にも差し上げました。それを毎日続けました。

被災地にはいろんなものが送られてきます。一番困ったのは古着で、最後まで残りました。中にはカビが生えているような古着もあり、箱を開けてびっくりします。サイズも、5Lとか10Lというような巨大なパンツが100枚ぐらい送られてきたり、いったい何を考えて送ったのかと思うような品物もありました。

仙台市から被災車輌回収依頼

この対策本部開設の時に、仙台市から津波で流された被災車輛の回収の相談を受けました。「現状把握」「回収方法」「処理方法」のご相談です。その時、私たちの方は、「ネットワークを通じて、全国から、同業者とトラック、要員を集める」とご返事し、実際に、全国からそれぞれの組織が手弁当で集

堤防代りになった三陸自動車道

まってくれました。

仙台市は、仙台港の近くに第1ヤードから第3ヤードまで3つの被災車仮置き場を提供してくれました。また、航空局と一緒に、空撮によって被災車輌数を数えました。回収すべき車輌は約2万台と見積もられ、それを回収してほしいと依頼されました。

市から、まず現場を見ようというご提案があり、対策本部の皆さんが現場を見に行きました。被災後1週間ぐらいで、主要道路は自衛隊と米軍の手で車が通れるようにあけられていましたので、視察は車で要所を巡回する形で実施できました。港の近くでは、船積みを待つ新車が数千台も流されたり、各メーカーの販売所が並ぶ国道45号線沿いなどでは、それぞれたくさんの新車や中古車、沿道や周辺の駐車場では駐車中の車輌が犠牲になり、大変な損失が起きました。

被災車輌回収作業は、被災17日後の3月28日から開始しました。

被害状況のあらまし

仙台市では東部の海岸沿いで津波被害が大きかったのですが、海岸から2.5～4km離れた場所を、ほぼ海岸に並行して「三陸自動車道」という高架道路が走っています。このあたりは約9mの津波が来ましたが、この高架が土盛方式で高さ平均5.8mの壁になっていましたので、路面は標高10m超でした。そのため、津波は三陸自動車道の盛土（土手）にさえぎられて止まり、

取り残された車や屋内に流れ込んだ車

海岸と三陸自動車道の間はほぼ完全に流失しましたが、この道路から西は、盛り土を貫通する道路から水が流れ込んだ地域以外は、被災を免れることができました。

津波被災地では、車や船も流されて、住宅街といわず丘陵地といわず流されてきて引っ掛かったり、取り残されたりしています。

発災後３カ月ほどたち、梅雨が近づく時期になると、津波と地震の瓦礫からいろいろな有害物が出るようになりました。そのため、発熱するなど体調をくずす人が増え、病院に運ばれる社員も出るようになりました。そこで、全員にマスクとヘルメットを着用してもらい、マスクは毎日交換してもらうことにしました。

１週間交代で回収にあたる

応援に来てくれた仲間たちは、１週間ごとに交代して被災車の回収作業に

集積された廃車の山（下段は石巻港の廃車集積場）

従事しました。メンバーが交代しますし、作業過程で様々なノウハウも生まれます、また作業の進行状況を共有し合う必要もあり、毎日オリエンテーションをおこなって集約しました。

こうして、大勢の、同業者とはいっても雑多な人たちが、同じ目的の作業を進めるには、全員が同じ行動をとることが大切であり、そのためにはマニュアルを作る必要がありました。こうして、たくさんのグループに分かれて作業したにもかかわらず、あまり混乱することもなく作業が進み、市が用意した３つのヤードに集めました。この作業は約１年間続き、私も久々につなぎを着て従事しました。

回収作業はすべて指示に従っておこない、１日平均60台から100台ずつ回収しました。回収する時には、仙台市に報告するために、１台ごとに車体番号とナンバープレートを記録していきます。

さまざまな回収車

回収する車にはほとんど無傷のものもありますが、ぐしゃぐしゃに潰れて原形をとどめないものもあります。用水堀に落ちている車は、水が入ると3倍ぐらいの重量になります。軽自動車は平時は大体600kgから700kgですが、2t近くになりますので、われわれが日常使っているクレーンでは上げられません。

中にはスプレーで「×」印を付けられた車もあります。中に亡くなられた方が見つかった車輛です。こうした車は、回収する時に警察が立ち会い、我々と一緒にお線香をあげて、供養してから回収しました。

Ⅳ　あれこれの出来事や想い

イスラエルの志津川町支援

回収作業を続ける間に、私の友人から、イスラエル大使が「日本国に対して何か応援をしたい」と希望されているという話が来ました。私にもその仲介を求められ、宮城県栗原市の佐藤勇市長を思い出しました。佐藤市長は、イスラエルのヘブライ大学に留学しておられたことがあるので、とりあえず連絡したら、「宮城県南三陸町（佐藤仁市長）の志津川地区を支援してあげてほしい」というご返事でした。そこで、まず志津川の現状を確かめることにしたところ、翌日、イスラエルの調査部隊がやってきました。

南三陸町志津川地区は、旧志津川町です。その庁舎（南三陸町防災対策庁舎）は高さ12mあり、屋上がこの地域の避難所になっていました。ところが、15.5mの津波が襲い、避難していた人の大半が流されてしまいました。その様子はテレビで、たびたび全国に流されました。また、庁舎内で住民に「避難」を呼びかけながら津波で亡くなられた女性職員のことでも、知られています。

イスラエル医療チームの受け入れ

イスラエルの調査隊は、こういう災害地への支援は慣れている様子で、実に手際よく調べて、その状況（データ）をイスラエル政府に送り、3日後の3

志津川の南三陸町防災対策庁舎（右の建物）とその周辺

月29日から4月10日まで、約65人（医師14、看護師7、技師・通訳などの要員約45）から成る医療チームが来日しました。

海外の支援チームの導入には、とうぜん国の了解が必要ですし、海外の人が医療行為をすることは法律で禁止されているそうです。そのため、イスラエル政府から日本政府に許可を出して欲しいという依頼があり、首相官邸へ行って海外の人が医療行為をする許可を頂き、イスラエルの医療チームに入ってもらうことができました。

本来は150名体制で来る予定で、志津川へ直接入ってくる予定でしたが、まず成田空港に着き、そこからバスで医療機械などを運ぶ形になったため、今回は65名体制になりました。現地に着くと3時間ほどでセッティングを終え、駐日イスラエル大使のニシム・ベンシトリット大使と志津川町の佐藤仁町長が出席して、開設セレモニーを行いました。

当初は、白衣ではありませんでしたが、白衣を着てもらいました。白衣は日本側が提供しましたが、体型が合わず、ちょっと丈たらずでした。それでも全員に白衣を着せて、13日間被災者への医療支援をしてもらいました。ただ、このチームが引き上げた後、活動拠点として使用したプレハブ建物のリース料3年分2,100万円の請求が届き、災害支援の常識を破る事態として話題になりました。

もう一つのボランティア

イスラエル医療チームの支援を受けた翌年は、日本とイスラエルとの国交60周年にあたりました。そこで、今回の震災の不運の中ながら、日本文化紹介の一つとして、「仙台の七夕」をイスラエルで披露することになりました。まず、イスラエル大使が仙台市へ七夕を見に来られ、エルサレムでクス玉約500個を飾って、「七夕」イベントを開催することができました。

また、滋賀県の「しあわせを呼ぶ　座敷わらびーちゃん」という人形を作っている人から、その人形を100個ほど送られてきたので、東松島市の被災者の皆さんへ届ける仲介もさせて頂きました。

今回の津波では、車の中で亡くなった方々も少なくありません。そこで、仙台の仏教会のご協力を得て、これらの方々を供養させて頂くことになり、JARAの代表や業界の代表の方々にも参加して頂いて、供養をさせて頂きました。

被災車輛は１年で回収終える

約１年後には、市内から全被災車輛の回収が終わりました。撤去作業を終えた時期は真冬でした。終盤は、海風に吹きさらしの仙台港近くの作業が多かったので、風邪をひいて１週間ほど休んだ社員もいました。大変な吹雪の中でも回収作業を続けたので、西の方から来てくれた人たちには、雪の中での作業はことのほか難儀された様子でした。使い捨てカイロぐらいでは温まりませんからね。

この１年間の経験を通して、ボランティアで一番大切なことは、各自が交通手段、宿泊、燃料（ガソリンなど）、食料などをきちんと準備して臨むことだと気づきました。中には被災地での活動であるのに、宿泊も手配せず、食料も持ってこない人もありました。こういう人には、全国から被災者用に供給してもらった物資や食料の一部を提供しましたが、自分たちで準備して、手伝ったら即座に去る心構えが大切だと思いました。それと、被災地ではどんなアクシデントが起きるかもしれませんので、滞在期間にも余裕を持って来て欲しいと思いました。

被災車を回収している間も、とうぜん会社も復興しなくてはなりません。でも不思議ですが、きちっと組織を作っていると会社は動きます。私以上に役員や社員たちが頑張ってくれたおかげで、私はあまり気にせずにボランティアに力を入れることができました。

守屋隆之氏プロフィール ……………………………………………………

1980年10月、仙台市宮城野区鶴ヶ谷生まれ。仙台で自動車解体処理工場「三森自動車商会」を設立。その後、リース車輌に補修部品を供給するなど事業を拡大した。2004年からは国際貿易部を開設し、アメリカ、ロシア、マレーシア、ケニアへ自動車リサイクルパーツの輸出も始めた。

現在、在仙台フィジー共和国名誉総領事館名誉総領事、株式会社JARA（全日本自動車リサイクルアライアンス）専務取締役、宮城県中古自動車解体再生部品卸協同組合副理事長、宮城環境グリーン研究会会長、などを兼務。東日本大震災被災自動車の回収処理では、組織的に手際よくリサイクルされた。

……………………………………………………………………

第Ⅱ部

気仙沼の人たちの「当日」と「震災直後」

第3章　気仙沼被災者聞き取り調査の経過

被災者記録作成の意図と分担

本記録は、東日本大震災被災地の一つである宮城県気仙沼市における、各種の「業者」とそれを取り巻く人々の、被災から100日間の行動を記録したルポルタージュである。ここで取り上げた「業者」は主として自営業者で、中小製造業者、小売業者、サービス業者、建設業者、漁業者、農業者、医院、法律事務所、経営者や、それらの職場で働く従業員の皆さんである。「それを取り巻く人々」には、商工・産業に関わる行政関係者、教育関係者などを取材対象にした。

2011年3月11日に発生した「東日本大震災」は、主として津波により広範囲にわたる巨大な被害を引き起こした。この地震・津波による被害者は、2011年6月24日現在警視庁の発表によると、死者15,469人、行方不明者7,358人を数える。こうした死者・行方不明者の多くは、地震に伴って発生した大津波によるものであったことが、今回の被害の特徴であった。津波は沿岸地域に大小さまざまな被害を残したが、未だ遺体さえ見つからない行方不明者も多数あり、それらの関係者にとっては、今回の震災はまだ過去形で語れる段階ではない。さらに、この震災に起因する福島原子力発電所の事故は、本書執筆中の段階でもなお終息のめどさえ立っておらず、その意味でも今回の震災はまだ進行中である。

しかし、他方では一日も早くもとの暮らしを回復するべく努力している人も多い。また、筆者が住む東海地方をはじめとして、関東から九州へかけての地域では、早くからプレートに起因する大地震が近いと警戒されており、全国各地で、今回の被災経験の情報を必要としている住民や行政機関も少なくない。そこで、1,000年ぶりの大地震といわれる今回の被災状況や経験を記録し、他地域の、或いは後世の人たちへ情報提供する一助にしたいと考え、現地への鉄道が開通するのを待って被災者の聞き取りを始めた。

聞き取りの企画と分担

この聞き取り調査に関しては、思いを同じくする気仙沼本吉民主商工会事務局長の千葉哲美氏と出会い、同氏と協力して気仙沼市内の、広い意味で業者とそれに関わる様々な分野の方々からお話を伺い、同一地域での経験を聞き歩いた。そうした経過により、主として地元を熟知しておられる千葉哲美氏が人選と面会予約を担当し、森が聞き取りと文章化を担当するという分担で作業を進めた。聞き取りの対象地を気仙沼に絞ったのは、上記のような協力者の存在が大きかったが、ほかにも、気仙沼市（宮城県）や釜石市、山田町（岩手県）などでは津波のほか大火災が発生し、複合的な災害について聞き取ることが可能だったからである。

気仙沼では50人ほどの皆さんにお話を伺ったが、本書のページ数の都合もあり、全部は利用できなかった。文中に記載する年齢は被災時点の10歳代までを記載した。なお、筆者（森）自身も支援物資配分現場や安否確認、復興支援交流会などに同行・同席したほか、市内の被災地をほぼくまなくご案内いただいたので、そうした見聞も含めて文章を構成している。

気仙沼市と震災被害のあらまし

『気仙沼市統計書　平成21年版』によって気仙沼市の2009（平成21）年12月（事項により同年6月段階の数値を含む）の概要を見ると、次のようになっている。

宮城県最北部に位置する気仙沼市は、同年12月末日現在世帯数26,616世帯、75,258人で、人口は近年増加傾向にあった。同年3月末現在の高齢化率は30.13パーセントで、ほぼ年1パーセントずつ増えている。『事業所・企業統計調査結果』によると2006（平成18）年における市内の事業所数は4,196で、29,963人が従業している。ただ、この統計には従業員4人以下の個人経営は調査対象に含まれていないので、この数字がそのまま同市の産業

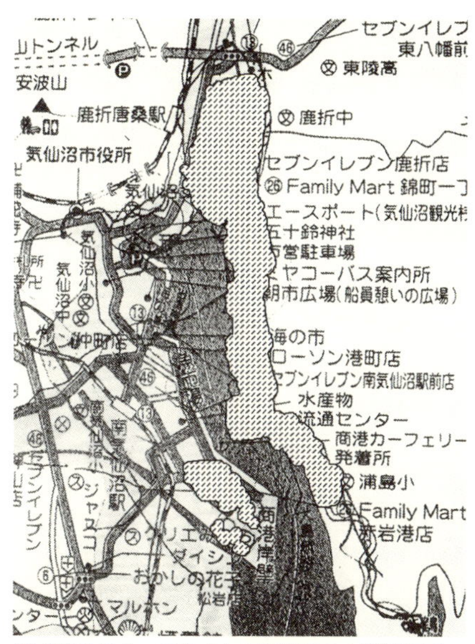

聞き取りによって作成した気仙沼の火災範囲図
（中央の網掛け部分は火災消失地域、その左の墨色部分は浸水地域、右の文字部分は気仙沼湾）

実態を示しているわけではない。ちなみに、同統計によると、市内の農林漁業事業所数は 33 となっており、「市内の産業の 75 パーセントは直接間接に水産業にかかわっている」といわれる現状とは乖離している。国内でも数少ない遠洋漁業基地としても知られる同市は、水産業が最も大きな産業である。同年の水揚げ額は 196 億円であった。前年は 280 億円と多かったが、近年は 200 から 210 億円前後を上下していた。気仙沼における水産業の現状は本文でも取り上げるが、同産業の特質により、漁業関係の諸施設は、大半が海岸部とりわけ港湾部に集中していた。

今回の地震は、マグニチュード 9.0 という巨大なものであったが、地震による被害はごく限られた地域にとどまり、主要な被害は、津波と、一部地域では火災によるものであった。気仙沼に関して言えば、火災も、多くは港湾施設の津波被害に関連して発生したもので、被害の大半は津波に起因するものであった。津波は海岸部や港湾部、加えて湾奥につながる内陸部を襲ったため、気仙沼の漁業や養殖施設、水産物を受け入れる各種施設や加工施設の多くが、壊滅的な被害を受けた。

取り上げる範囲の限定

海水を被った水田では、瓦礫（がれき）とヘドロのために半年以上手がつけられなかった地域も多いが、水の被害が主であった地域では、真水の冠水→表土攪拌→排水→冠水を、通常3回繰り返す方法で塩分除去が続けられた。ただ、植え付け時期のリミットが過ぎた2011年5月末時点では、多くの被災田が当年の作付けをあきらめざるを得なかった。海岸部では、養殖業者が必死になって海岸部や海底の瓦礫撤去を急いだが、本文で取り上げるように瓦礫の片づけでは済まない事情がいろいろとあり、2012年春の養殖準備には間に合わなかったところが多い。そのため養殖業者の多くが2011年の自力による収入源を失った。

また、今回の震災では、いわゆる「サプライチェーン（部品発受注関係）」の切断という問題を引き起こした。3万点前後の部品からなる自動車部品のいくつかが東北地方の工場で作られており、その工場が止まったために、国内のすべての自動車メーカーが生産中止に追い込まれた。日本製部品を採用していた諸外国にまで、影響を及ぼしたことで注目された事件である。震災被害の実状ということでは、こうしたことも含めて次々と新しい問題が出ている。加えて、被災後数ヵ月を経て、被災者やボランティアの心のケアを要する問題も出てきた。震災被害ということではそうした点にも触れなければならないが、とても短期間にはカバーできないので、本書ではかなり問題を限定して取り上げていることをお断りしておきたい。

なお、本文で「気仙沼（けせんぬま）」と記載している箇所は原則として気仙沼市内の合併前の旧気仙沼地域をさす。「唐桑（からくわ）」「鹿折（ししおり）」「本吉（もとよし）」「志津川（しづかわ）」「大谷（おおや）」「小泉（こいずみ）」「大島（おおしま）」などの地名も同様である。

最後に、被災後2ヵ月から4ヵ月の間という混乱期に、筆者の厄介な希望をかなえていただいた千葉哲美氏に改めてお礼を申しあげる。また、その時期にお忙しい中を聞き取りに応じて下さった市長さんをはじめ、たくさんの皆さんにもお礼を申しあげる。本来ならこの種のルポは仮名にすることが多いが、仮名にしても地元では特定できる方が多いので、あえて実名のまま記載させていただいた。文責は筆者にある。

筆者が住む愛知県（知多半島）を含めて、関東以西の太平洋岸は南海トラフ大地震の到来が確実視されている地域である。そうした事態が現実化した時に、何が起き、どのように回避しうるのかが、筆者をこの聞き取りに駆り立てたもう一つの理由であった。そうした意味でこの被災者の体験談が、今後の「減災」の参考になれば幸いである。

（森 靖雄）

第4章　人々は津波をどのように切り抜けたか

Ⅰ　車で移動中に地震に遭った人たち

3・11 地震の特徴

東日本大震災が起きた2011年3月11日（木曜日・現地は晴）午後2時46分過ぎから同50分ごろ、多くの人は仕事中であったし、児童・生徒も多くは授業中であった。今回の地震の特徴は「1分ほど大きく揺れた後、30秒ほど中休みがあって、再び2分近く船酔いするように揺れた」と感じた人が多かった。揺れが強く長かった割には建物の倒壊や地面の亀裂は少なく、埋立地でおきた液状化現象や不等沈下による地盤沈下や海岸施設の大規模破壊、法面（のりめん）の崩壊などによる、塀や擁壁、石垣などの倒壊・崩壊、家屋の土台沈下などが地震被害の中心であった。地震から連想される家屋の倒壊や家具の転倒、家財の落下・散乱などは限られた地域や家屋にとどまった。

それよりも、地震に連動して起きた津波が予想外に大きく、その被害が大きかった。また、同じく地震の間接的被害として、設備や機能が破壊された福島原子力発電所の問題が、後になるほど問題が拡大する大事件となり、地震の直接的な被害よりも、津波と原発の被害や影響を重視するべき特異な震災となった。

地震自体については、仕事中だった人にしろそのほかの用務中だった人にしろ、長い揺れは感じたものの、建物の倒壊などを見た人は少なかった。そうした中には、車を運転中に地震に遭った人も少なくなかった。道路の状況によっては揺れを感じなかった人もあったようであるが、「電柱が揺れはじめたので地震だと気付いた」人など、走行中でも何らかの現象を感じて地震に気付いた人もあった。

現場を見回った帰路、津波に遭う

気仙沼市旧本吉町小泉地区で工務店を営む中舘忠一さん（60歳代）は、土木業を経営しつつ小泉地区振興会の会長を務めていた。小泉の町地区（集落名）は６軒を残してみんな流れてしまった。現在は、同じ集落の住民であった30世帯ほどがまとまって避難しているので、避難所で自治組織を作り、その世話をしている。もとの集落へ通ずる道は橋が流され、３ヵ月経っても復旧していない。

当日は、土木事務所へ手続きに出かけた帰路で、周囲がよく見える交差点で停車中に地震に遭った。信号待ちしているところだったので、異常な揺れで地震だと気付いた。車列の先頭で停車していたので左右がよく見えたが、陸橋が揺れていたので地震が大きいと感じた。周辺の建物などにはとくに異常は起きなかったが、工事進行中の現場が気になって市内田中前（地名）の工事現場を見回った。特に問題はなかったので、農道を通って本吉（地名）へ帰る途中、数km先の松林に覆いかぶさるように波が見え、「津波だ！」と直感して車を急がせた。

大谷小学校の北側にさしかかったら、道路に瓦礫が散乱していた。一瞬「どうしようか」と思ったときに２波目がやってきて、流される建物や人が見え、「ごーっ」というような「どどーっ」というような音も聞こえた。怖くなって引き返そうかと考えているうちに足元まで水が来てしまったので、慌ててＵターンし、もとの大谷金山の方へ方向転換した。その時点では、車を降りるという発想はなかった。この時はまだ走っている車は少なく、Ｕターンもできたので、とにかく高い方を目指して走った。後から考えるとカーラジオをつければ情報が得られたはずだが、水を見てからはそういう余裕もなくなり、ただ水から遠ざかることだけを考えていた気がする。

山道にさしかかってからは、いつも家族で「何かあったら落ち合う」ように決めていた小泉の中学校へ向かった。ところが、国道45号線バイパスから小泉地区に差し掛かったところで、津波がそこまで来ているのを知った。あわててＵターンし、高台のお寺に向かった。そこには20人ほどの人が雪の中に立ちすくんでいた。足元まで水が来ているのを見て、こんなところま

小泉では津波が用水路を遡上して周辺を破壊した

で津波が来ていたと言葉にならず、ただ立ちすくむばかりであった。

小泉中学校までの道に迷うことはなかったが、あちこちで瓦礫や崩壊が起きていて、いつもの道は通れなかった。遠回りだが、目的地の小泉の北にあたる岩手県の藤沢方面へ行く道が、水でやられたがすでに引いて通れると聞いたので、そちらへ向かった。しかし、途中の農道に水があふれて通れないところがあり、進めなくなってしまった。この道路はあまり通る車がなく、後続の人が運転する車と2台だけだった。相次いで停まって車から降りると、70歳代の人だった。そこからは2人とも車を置いて歩くことにして、3、40分歩いて地域の避難所になっている小泉中学校へ着いた。

その手前から見えた光景は、1kmほど離れた小泉海岸から流れてきた防風林の松が、根こそぎになって田や畑のあちこちに流れ着いていたり、町が水に浸かっているのが見えた。膝まで水に浸かって歩いている途中で、小泉の集落が見える場所を通ったが、一面が水に浸かっており、集落のすべてがなくなっていた。

小泉中学校は、海から24m高い位置にあり、避難所の体育館には300～400人の人が避難していた。中舘さんは、そこで母親と子どもには会えたが、奥さんは見つからなかった。母親も居所を知らなかった。停電で暗く、どうすることもできないので、その晩はこの中学校の体育館で過ごしたが、53

ページで述べた振興会役員の仕事が待っていた。一緒に避難している振興会の役員が集まり、住民の安否確認、避難者の食事、寝る場所の準備などのことを、次々と協議した。その夜はおにぎりを半分ずつ。床には段ボールを敷くことにし、その手配など各自が役割を分担してすすめた。その夜は、眠れたのかどうかは記憶にない。

朝、学校の周りを見に出ると、校庭の4m ほど下まで水が来た跡があり、津波は20m の高さまで達したことを知った。まだ1m ぐらいの深さまで水が引かないで残っている所もあった。満ち潮になればもっと上まで海水が上がったはずである。その日（震災の翌日）は、母親と子どもは体育館に残して、夕方まで近隣の避難所を探し歩いたが、妻は見つからなかったし消息もつかめなかった。一緒にいたと思われる女性事務員とも連絡が取れなかったので、併せて聞き歩いたが、やはり手がかりは得られなかった。

震災後は、テレビもラジオも見聞きできなかったし、電話も携帯電話も通じなかったので、何が、どうなっているのか、さっぱり判らなかった。そのうちに食料などが買えなくなって、事態が深刻なことがわかった。

避難所では、段ボールと毛布一枚が配られたが、寒いので両方敷いて寝た。それでも寒くてよく眠れなかった。避難所内はほかの人たちもよく眠れない様子で、絶えず物音がするし、歯軋（ぎし）りなども気になり、明け方少しうつらうつらできるぐらいだった。こうして、昼間は妻と事務員探しに明け暮れたが、やはり見つからなかった。食事は避難所へ持ち込まれる量が少なく、パンなどを分けあって食べていた。4日目まではこうして過ぎたが、その間に得られた情報から判断すると、1回目の津波の後、妻と事務員さんが事務所へ戻って、2回目の大津波でやられたらしいことがわかった。3ヵ月経っても、2人とも行方不明である。

運転中の車が流された！

気仙沼から2km ほどの海峡を隔てた対岸に、「大島（おおしま）」がある。「気仙沼大島」と呼ばれることもある自然豊かな農漁村の島である。この島で民宿「魚波（うおなみ）」を営む村上智さん（70歳代）は、震災当日、確定申告書を提出するため

当時を思い出しながら語る村上智さん

自分の小舟で気仙沼へ渡り、自分の置き車で税務署に向かった。税務署についたところで地震が起きた。あまりの大きさに津波を直感した。すぐに車で港に戻り、舟が簡単には転覆しないように舫い綱を緩めた。その時には海は引き始めていた。

車で幸町のほうに向かってまもなく、道路に水が流れ始めた。急いで道を変えようとしたが、周囲にも同じような車が走っていて思うように動かせない。そのうちに車から降りて逃げる人も出始めて、どうしようかと思っている間に車が浮き上がり、間もなく上下がひっくり返って流れ始めた。同時に後部のガラスが割れて水も入ってきた。椅子にくくりつけられて頭が下になっているので、この状態から脱出せねば……と考えて、とりあえずシートベルトを外しにかかったがうまく外れない。3回試みてようやくシートベルトから逃れたが、そろそろ呼吸が限界にき始めていた。幸い窓は電動式でなかったので、手まわしでガラスを下げて脱出したが、その間に鼻から海水を吸い込み口から吐き出すことを3回繰り返し、これで息継ぎを伸ばすことができた。若いうちから鍛えた、素潜りの体験から得た潜水技術であった。

この一連の努力中に、車から脱出しようとしたら頭上を流れて行く車に危うく頭をぶつけそうになるなど、水上へ出ること自体が容易ではなかったが、ともかく車から脱出することには成功した。目に入った景色から、気仙沼港の海岸に近い場所にいることがわかった。ところが波が沖へ向けて流れており、自分が引き潮に乗って流れていることがわかった。このまま沖へ流されたら大変と、波に逆らって泳ぎ、手が触れたものが木の根だと直感したので、それにつかまった。一息入れてよく見たら、それは津波に根方を洗われた松の根であった。木の根につかまって一息ついているところを、引っ張り上げられた。海岸へ向けて泳いでいた時間は2、30分ぐらいだったと思う。その間にも人や車、小船などが横を流れていったが、どうしようもなかった。

上陸後、村上さんは助けてくれた人から「うちへおいでよ」と声を掛けられ、幸町交差点近くの見知らぬ家（じいちゃんと娘さんがいた）へ連れて行かれた。その家で着替えをもらって着替え、食事も出してもらった。その晩はこの家へ泊めてもらい、翌日、NHK近くのおばの家へ行って、そこで4日間過ごした。その間、毎日港へ見に行ったが、この津波で、気仙沼と大島を結ぶフェリーは、全部流されたり陸に打ち上げられたりして、航路は途絶していた。大島行きの船が出ていた気仙沼のフェリー乗り場も崩壊し、海にも瓦礫が漂流して、帰島する方法はなかった。自分の安否を知らせようにも、固定電話も携帯電話も途絶して、連絡手段も失われていた。

5日目（被災から6日目）、港で思案にくれている時に、大島の個人経営の船が島の消防団員を運んできたのを見つけた。村上さんも若い頃には村の消防団で活躍した時期があり、顔見知りである。船が来たのは、島が孤立して食料も底を尽きかけたので、消防団として買い出しに来たのであった。そこで島の様子を聞くこともでき、頼み込んで便乗させてもらい、ようやく帰島することができた。

その頃、大島にいた人の話によると、気仙沼と結ぶフェリーが津波で流失したり打上げられたりして、島全体が孤立状態になってしまった。フェリーは台風などでも止まるので、2、3日ぐらいの孤立はあまり気にしないが、数日過ぎると食料が不足し始めた。そこで、近隣で相談して船を出して気仙沼へ買い出しに行ってもらったりして当座をしのいだ。そのうちに救援物資も運ばれて来るようになり、生活が落ち着いた、ということであった。村上

フェリーや観光船が浮桟橋ごと打ち上げられた大島港

さんは、その買い出し船に便乗して帰島できたのであった。

村上さんは若い頃から海に親しんで暮らしてきたため、泳ぎや潜りには自信があったということだし、波の動きを読む経験もあり、親から聞いていた津波の怖さも承知していて、生き残ることができたようである。今も天然アワビやカキを採るのに潜ることがあり、「泳ぎには自信があった」ということだったが、視線を遠くへやりながら、「助けて貰えて、運もよかったよなー」と付け加えた。被災3ヵ月後に会った時には、こうした話を笑いながら話せる余裕ができていた。

帰島した大島は、港の浮桟橋の両側に繋留してあった2艘の大型観光船も浮桟橋ごと津波で陸上に運ばれ、写真のように観光施設の前に取り残されていた。島全体が小山の形をしている大島の中腹にある村上さんの家（民宿）も、津波が庭を通り過ぎ、FRP（ガラス繊維強化プラスチック）の小型のバスタブを置き去りにしていった。

なお、気仙沼―大島間のフェリーは震災前には7艘で運行されていたが、3.11の津波で全部使えなくなって途絶した。被災から3ヵ月ほど後に、広島県の江田島市から退役カーフェリー「ドリームのうみ」（397トン）を無償で貸し出された。気仙沼大島へ回航・点検後、同年4月27日から翌2012年2月末まで気仙沼港との間を往復するようになり、島の生活は次第に正常化した。2012年３月１日からは、大島汽船株式会社自前のカーフェリーと旅客船による２艘体制に引き継がれ、運航便数も増加した。江田島市のカーフェリーは、３月２日に返還回航された。

避難中に３人の救助を手伝う

船舶エンジンの修理など、船舶関連の補修専門の鉄工所「沢淳鉄工所」を経営している沢井淳一さん（40歳代）は、地震の時には岩手県大船渡市へ出張中で、同市綾里（りょうり）地区を自分で運転する車で走行中に今回の地震に遭遇した。周辺を見回しても、建物が壊れるなど地震特有の被害も起きなかったようだし、その２日前にもかなり大きな地震があったので、地震自体にはそんなに驚かなかった。

津波の心配はあったので、気を付けて走行中、大船渡の魚市場のところで渋滞が起きていた。津波である。急いでＵターンして高台を目指す途中で、目の前を水が流れてきた。自分は軽トラックに乗っていたので一度で角を曲がることができたが、バックミラーを見ていると後についていたボックスカーは曲がり切れず、止まったところを流されていくようだった。

とりあえず高台へ避難できたので、車を置いて、暗くなるまで眼下の水没した市街地を見ていた。18時ごろ、消防団の人から救助活動の手伝いを頼まれた。水没した家から生存者を救出する仕事であったが、１時間ほどの間に次々と３人助けたところで、作業は終わった。

その間に、盛（さかり）（地名）へ行ける道が通れると聞いたので、山道を通って、真夜中だったがその晩のうちに気仙沼までは帰れた。途中で奥さんの叔母の家の近くを通ったので立ち寄り、無事であることを確認した。

自宅は、父親らが住む工場に隣接した家とは別の場所に住み、そこから工場（父親の住まい）へ通勤していたが、その自宅も水が入っていた。しかし、１階を車庫にしていたので、２階の住まいは浸水を免れた。水も引いていたので、暮らしはここでできることを確かめてから、工場へ向かった。停電で、あたりは真っ暗だが、市街地の火災でぼんやりと明るくもあった。水たまりや瓦礫で走りにくかったが、工場近くまで行き、明け方近くに家族と合流することができた。

このご主人不在の間に、工場は大変な事態に見舞われていた。その話は第4章Ⅴで奥さんから聞く。

Ⅱ　仕事中に地震に遭った人たち

浜で作業中に地震が来た

気仙沼市本吉地区の中心部に近い大谷（おおや）海岸は、避難誘導中の警察官が津波に流され、警察官の犠牲者第1号と報道されたところである。この派出所から海岸に降りたところでわかめ養殖業を営む高橋ミサ子さん（60歳代）は、パートさん数人と、浜の作業小屋で、収穫したわかめの芯取り（わかめの芯の中心部を針金状の器具で掻き取る）作業中に地震が来た。ご主人は不在であった。一緒に作業していた人たちと、とりあえず作業を中断して、「津波は来るかねー」などと言いながら眼前の船溜まりを見ていると、水面が盛り上がって渦を巻くように水が増え始めた。舫（もや）っていた作業船も潮に乗って動き始めた。岸壁は越えなかったが津波の第1波であった。次の波が来るまでに……と、多くの人が家や船を片付けに帰った。5分ほど後に、巨大な第2波が遠望できたので、慌てて、避難所へ逃げた。

一緒に仕事をしている息子さんもこの時家にいた。息子さんは、地震の揺れに気付くと、揺れの大きさから津波を直感し、車で5分超の港に車をとばした。係留してあった船に一人で飛び乗り、沖へ向けて走らせた。津波を回避する方法の一つである、陸から2km以上離れた場所で、津波に舳先（へさき）を向けて対峙（たいじ）するという回避法をとるためである。これは船が津波と並行になるとひとたまりもなく横転する危険な回避法でもあるが、正対すると船が大きく上下するだけで波をやり過ごすことができる、漁師の操船法の一つである。年齢から考えて、息子さんには本格的な津波と対峙するのは初めての経験であったと思われるが、この難しい回避法に成功して無事に持ち船を守った。次ページの上の写真の白い船がそれである。高橋さんたちが後で聞いた話では、同じ集落に高橋さんよりも数分後に同じ行動をとった漁師さんがいた。その船は、堤防を出るところで今回最大波高であった津波の第2波に遭

高橋さんたちが眺めていた船溜まり（白い船は避難させて助かった。手前は高橋さんの作業場跡）

地域の避難所であった大谷漁村センター（避難所自体が津波被害を受けた）

い、船ごと遭難してしまった。同じ行動をとっても明暗を分けたのは、ほんの数分の差であった。

高橋さん（奥さん）は、地域の指定避難所である「大谷漁村センター」へ急いだ。坂道を上がるが距離は30mほどである。ところが、同センターへ着いてみると、すでに数十人の人たちがいたが、警察官が「ここは危ないからもっと上へ避難するように」誘導しており、既にセンターへ来ていた人たちが、慌てて出てくるところであった。後日談になるが、この時に誘導してくれた警察官が、前述した津波で亡くなった駐在さんであった。

そこで高橋さんたちは、すぐに、次の目的地である大谷小学校へ向かった。緩やかな上り坂を上がる、2km ほど離れた場所である。そこからは海は見えないが、その頃2度目の大津波が10年ほど前に建て替えた高橋さんの家を襲い、家に入った水が2階の屋根を内側から突き破って吹き抜けるという猛威をふるっていた。

一緒に避難した3、40人は無事小学校に到着したが、学校のすぐ下にあった「気仙沼市大谷地域福祉センター」は、1階を津波でやられた。入居者は危険を察知して近くの大谷小学校へ避難して無事であったが、この小学校も校庭の一部が浸水し、一部の人はその一段上に建つ「大谷中学校」へ避難した。

高橋さんたちは、この避難所（小学校）から通いながらもとの作業場や住宅の片づけを続けているが、ワカメ養殖という仕事がら海岸を離れることはできず、残った作業具小屋を修理して、被災後2ヵ月目ごろからとりあえずそこに寝泊まりし始めている。

波路上（はじかみ）（地名）では、波を見ていて後ろから襲われてなくなった人がある。波路上の港では、寄せ波と引き波と曲がり波がぶつかりあい、四方八方から水が来て避けようがなかったと言われる。小泉地区には21m の津波が押し寄せた。

大量のフカヒレとともに避難した

ヤマコ産業運輸株式会社で製品運搬の運転手をしていた及川政功さん（40歳代）は、冷凍した水産加工品や肉類を、10トンの箱型トラックで市内の加工工場から集めてくるのが仕事であった。3月11日の午後は、いつもなら陸前高田へ行っているはずであったが、この日は気仙沼の大谷にいた。偶然であるが、前述の高橋さん宅の近くである。2時半過ぎに目的地へ着いて、荷待ちをしているところで携帯電話の「地震警報」が鳴った。次いで長い地震が来た。車から降りようにも降りられず、揺れが収まるまで保冷車の座席にいた。そこからは海が見え、海からは15m から20m 上のやや高いところだったので、津波の心配はしなかった。地震と同時ぐらいに、加工場は停電になったので、荷物を積んで持ち帰ってよいのかどうか判断に迷った。電話も通じなくなったため、本社の判断を聞くこともできずに困った。先方は、ともかく積んでくれと言われるので、積んでもらう事にした。積荷は、気仙沼の代表的な名産品であるフカヒレの加工品であった。

積荷作業中に何気なく海を見ると、岩の下の海水が引いて行くのが見えた。とっさに、母親が言っていた「チリ地震津波の時には気仙沼湾の底が見えた」という話を思い出して、「これは津波が来る。急がねば！」と思った。その直後に、消防団の人が「津波警報が出た」事を知らせてきた。急いで荷物を積み終えて、小泉（こいずみ）（地名）へ向けて高台を上り、とりあえず海岸にある会社の近くまで来て、小高い場所にあるセブンイレブンの駐車場へ車を停めた。ここからは海は見えない。後で聞くと、その５分後に20m 級の津波が来たそうで、荷物を積み込んだ大谷の工場も被害に遭った。車を停めたセブンイレブンの駐車場へは、会社（ヤマコ産業運輸）の同僚たちも避難してきた。

少し下って海が見える場所へ行ってみたら、黒い水が押し寄せていた。手前にはトラックが燃えながら流れており、遠くには大型トラックが海の方へ流れて行くのが見えた。高さ20m ぐらいのところを走っているはずの気仙沼線の線路が見えなかったので、水はそれよりも高いところまで来ていたはずである。

後から上がってきた同僚の話によると、海辺にあったヤマコの社屋は水没した。社員80人ほどの大半は仕事で外へ出ていたが、６人は津波に巻き込まれ、社長・専務と運転手４人が見つからなかった。

そんな次第で会社とは連絡がつかなかったし、積んでいたラジオで聞いていた情報では、家へ帰るにも途中が通れそうになかったため、４日間セブンイレブンの駐車場に居させてもらった。トラックに布団を積んでいたので、トラックの運転台で寝泊まりした。飲料水がなかったが、セブンイレブンの経営者が配ってくれたので、駐車場に避難していた15人ほどは、それでしのいだ。セブンイレブンについては、「その代り店内には立ち入らないでほしい」と言われたので、その約束は守った。

水だけでは困るので、次に、近くの避難所であった登米沢（とよまざわ）自治会館へ15人分のおにぎりを分けてもらうようにお願いしたところ、毎食おにぎり1個ずつを分けてもらえることになった。一方、遅れて合流した同僚のトラックが「小山ブロイラー」の高級鶏肉を10t積んでいた。保冷し続けるには燃料に限界があるし、何よりも会社（ヤマコ産業運輸）へ搬入できるめどが立たない。そこで同僚たちと相談して、このブロイラーを全量登米沢自治会館へ届けることにした。避難所としては思わぬ食材が入手できたはずである。翌日から配給されるおにぎりが2個ずつに増え、おかずも付くようになった。及川さんたちが積んでいたほかの積荷も、同じように冷凍を続ける限界に達していたので、近所の希望者に分けた。

こうして3日間が過ぎたが、とくにすることもないので、4日目に同僚たちと会社を見に行った。散乱したガレキが少々あっただけで、何も残っていなかった。途中で消防無線が入り、津波避難警報が出た。

会社で犠牲になった人たちは、3日目に近くの田んぼでヘドロにまみれた真っ黒な男性遺体があおむけで見つかり、これが運転手仲間の一人だった。

ヤマコ産業運輸の社長さんは、2ヵ月後にぺちゃんこに潰れた車の中から、泥まみれの遺体で見つかり、その近くにあった遺体が、所持していた携帯電話から社長の息子さん（専務）だと判断されたそうである。残る3人の運転手は行方不明である。

及川さんの自宅は、気仙沼市内を流れる大川の河口近くにあり、車載テレビでは、気仙沼港周辺は全滅したように伝えていた。4日目に自宅へ帰る車の手配がつき、それが届くのを待って結局1週間セブンイレブンの駐車場で避難生活を続けた。ここに避難してきた車の中には、即席で食べられる物もあったし、プロパンコンロを積んでいた車もあったので、食べ物にはあまり不自由しなかった。しかし、水も軽油も入手できず、動けないのがつらかった。

なお、及川さんには最後の給料が1カ月遅れで支払われたが、その前に「社員全員の解雇」が携帯電話で知らされてきたそうである。及川さんは会社自体が再起困難と判断していたので、即座に了承して失業した。たまたまその電話を横で聞いていた父親（「及川左官」経営者）が、「うちで働くか？」と言ってくれ、即日、同社社員として働けることになった。

石巻へ出張中に被災した弁護士さん

関西出身で1995年の阪神淡路大震災も経験した「ひまわり基金法律事務所」の弁護士東忠宏さんは、その日車を運転して一人で石巻へ出張中であった。地理不案内な市街地の、坂を下りたところで地震に遭い、とりあえず広い道を選んで走っていると、大渋滞に巻き込まれた。実はこの道路は海岸線に沿って走っていたのであったが、走行中には気づかなかった。約1時間、進んでは止まり、進んでは止まりを繰り返している間に、道路を水が流れ始め、前後には車から降りて（その多くは路上に車を放置して）逃げる人も出始めた。その間にも水かさが増し、車の中にも入ってくるようになった。

危険を感じて車の放棄を決意し、書類カバンを持って降りたところ、すぐ後についていた車からも見知らぬ女性が降りてきて、一緒に逃げてほしいと頼まれた。どうやら、彼女もそのあたりの地理には詳しくない様子で、「さてどちらへ逃げればよいのか」と一瞬思案していると、近くのオフィスビルの2階から手招きする人があり、ともかくそのビルへ避難することにした。

水はまだ膝下であったが、2階へ避難している間に2階も危ない状態になって、みんなで3階へ避難した。その晩はビルの住民も一緒に一夜を過ごしたが、電気も水道も止まり、食料の備蓄もないので、寒さに震えながらともかく夜明けを待つ一夜であった。その間に携帯テレビで気仙沼の被害を知り、事務所がある幸町（気仙沼市の中心部）付近もやられたと推定できた。

見ず知らずのビルで長滞在もできないので、そこから石巻在住の弁護士と連絡を取り、翌朝にはみんなと別かれて石巻の知人の弁護士事務所へ移り、そこで4日間を過ごした。その間に気仙沼の事務所と連絡がついて、ビルの壁に穴があき、2階が浸水して書類が水浸しになったことを知る。自宅については、実際には浸水していたのであるが、高い場所に新築したばかりだったので、そこは安全だと思い込んで、事情がわかるまでは心配しなかった。4日目に漸く電話が通じたところ、奥さんら家族は避難所暮らし中。まさかの驚きであったが、こうなると石巻にぐずぐずしているわけにいかない。車が流されてしまったので、通常の経路で帰るしかないが、多くの交通機関は止まっている。

そこで、阪神淡路大震災の際に、大阪廻りで神戸へ入る徒歩ルートがよく使われたことを思い出して、震災後6日目であったが、とりえず仙台を目指すことにした。さきの弁護士に三陸道まで送ってもらい、そのあとはヒッチハイク方式で仙台経由で山形まで便乗させて貰うなどして、気仙沼へ戻った。家族と再会した直後に、事務所近くの、なじみの酒屋さんのご主人に出会い、事情を話したら、「持ち物件の一室が空いている。よければ入るか」と言われたので、すぐにそこへ事務所を引っ越すことにした。その後は、被災した事務所のヘドロ掻き（清掃）や、書類の水洗い・乾燥、弁護士としての相談業務など多忙な毎日である（第6章Ⅰに関連記事）。

Ⅲ 出産前後の母子を避難させる

気仙沼地域の産婦人科事情

今、医療の世界での問題の一つは産婦人科の減少である。ことに産科の減少が深刻で、子供を産める場所がなくなりつつある。気仙沼も同様で、今、気仙沼市、陸前高田市、志津川町の範囲で子どもが産めるのは気仙沼市立病院と気仙沼市の森産婦人科医院の2ヵ所だけである。事実上自宅分娩が皆無になった現在、気仙沼を含む2市1町におけるこの2ヵ所の役割は、気仙沼地域における今後の人口問題にもかかわる重大事である。

その一つである森産婦人科医院は、気仙沼港に近い入沢（いりさわ）（町名）にある。同医院は、緩やかな坂の中腹にあるが、その背後の丘には気仙沼女子高校が建っている。道路から見上げると両方とも白亜の建物で、一体であるかのように見えるが、実は敷地のレベルも建物も別である。地震が起きた3月11日、森医院には4日前に出産した母子2組と、前日に出産した1組（いずれも子どもは一人ずつ）、ほかに切迫早産の妊婦が一人入院していた。もちろん森良一郎先生も在院しておられた。

森産婦人科医院玄関と森院長

2段階の避難

緊張した状況の中で、長い揺れが起きた。森先生は、津波の危険を感じて直ちに入院中の母子の避難準備を指示した。

森医院でも、日ごろから緊急時訓練は行われており、入院中の母子6人と切迫早産の妊婦と付添いの男性1人の移転は、主として職員の手でスムーズに行われた。森医院は、3階建てであるが、3階の病室のベランダから鉄製の非常階段で裏の気仙沼女子高校へ行ける通路が用意されており、緊急時にはこれを使って1、2分で移動できる仕組みになっている。この階段は、先代（産婦人科医）が現在の建物を新築されたときに、設置されたらしいということである。森先生の先代と気仙沼女子高校の創立者が同じ大学の同窓生（学部は違う）ということなので、そうしたつながりもあって、こうした仕掛けを作ることが可能になったのではないかと思われる。

森先生は、第1次避難を終えたことを確認して、再度医院へ戻ってみると、一部の職員が近所の人たちの避難活動に従事していた。そこでこれらの職員にも至急避難を命じ、自らは再度院内を点検して、戸締りなどを済ませた。海が見える2階のベランダで、病院前の通路を見ていると、目の前の通路に海水が流れ込み、見る見る水位が上がってきた。そこで、森先生も非常用の階段を利用して、大急ぎで裏の気仙沼女子高校へ戻った。夕方暗くなってから港の方に火事の炎が見え、あっというまに拡がりを見せたので、ここも危ないのではないかと思えてきた。時間的には夕方が近づいていた。しかも停電である。雪も降っていた。女子高には近所の人たちも避難してきており、総勢では4、50人の集団になっていたようである。

避難所に産科と内科を開設

気仙沼市の高台にある市役所前の「ワンテンビル」は、市内でも主要避難所の一つである。森医院とワンテンビルとは、直線距離で500m弱、速足で移動できる集団ではないが、1時間あれば移動できる。このワンテンビルへの再避難を決断した先生は、生まれて間もない嬰児は看護師に抱かせ、そのほかの母子は職員が付き添って、近隣住民と一緒に夜道を移動した。91歳の森先生の母親も一緒であった。足もともよくないし、懐中電灯頼みのささやかな明かりで、歩みは遅く1時間以上かかったが、全員無事に到着した。

ワンテンビル内では、住民は一般避難所へ入り、森医院の関係者には「キッズルーム」が専用室として割り当てられた。医療器具も医薬品もほとんどなかったが、避難所に産婦人科が仮開設したわけである。ただ、ここでは複雑な処置は困難なので、切迫早産の妊婦は市立病院へ移ってもらった。市立病院の産婦人科とは日ごろから連携しており、医院では対応できない産婦は、これまでも市立病院へ依頼することがあったし、何よりも市立病院は津波の心配がない高台にあった。

もっとも、森先生についていえば、この条件で出産はできないので、出産そのものはすべて市立病院にやってもらった。森先生自身は、翌日から1週間ほどは「検死」の仕事が待っており、2人1組で、学校の体育館などに安置された遺体の検死に明け暮れることになった。この仕事は、1週間後に応援に駆け付けてくれた医療チーム「Dマット」にバトンタッチして、もとの産婦人科医業務に復帰した。

この津波で、森医院には正面ドアのガラスを突き破って海水が流れ込み、主要な医療器具が置かれた1階は1mを超える海水に見舞われた。そのため、大半の医療機器は使えなくなり、改めて器具を揃え直すことが必要になった。幸い、森先生は産婦人科医院の復旧に熱意を燃やしておられるし、全国の医療機関やその組織からも機器や援助の申し出が相次ぎ、2011年８月を目処にもとの医院を整備しなおして再開準備が進められた。

Ⅳ　子どもたちを守らなければ……

子どもを呼び戻せ！

児童（小学生）・生徒（中学生・高校生）が在校中に異常事態が起きた場合に、いち早く帰宅させるべきか、校内にとどめるべきか。日頃から学校関係者を悩ませている問題である。一昔前は「早く返せ」であったが、学校自体が避難所になっていることから、近年は「学校にとどめ置く」考え方が強まっているように見受けられる。しかしそれとても、異常事態の状況や発生時刻によって一律に決められるわけではない。現に同じ宮城県の大川小学校のように、結果的にではあるが集団で児童をなくす事態も生まれかねない。

唐桑（からくわ）半島の漁師、佐々木達夫さんには、唐桑小学校に通う２人の子供さんがある。学校は、次ページの写真のような、津波とは縁遠そうな山間といった環境の場所にある。震災当日、下の子は低学年のため地震の直前に学校を出て、いつものように帰宅の途についていた。上の子はまだ授業中であった。地震が起きると、授業は中断して、机の下に入る退避行動、終わっても校内に足止めされた。一方、既に帰校中であった低学年については、先生方が手分けして呼び戻しを図り、結局全員を学校へ呼び戻した。佐々木さんの下の子は、友だちと一緒に校門から150mほど離れたローソンの前で先生が追い付き、学校へ連れ戻された。姉妹揃っているし、先生や友達も一緒なので、親がいなくても寂しくなかったと健気である。

間もなく津波が押し寄せ、学校から10mほどのところに船をとり残して行ったので、学校のすぐ近くまで水がきたことは間違いないが、ぎりぎりで学校は浸水を免れた。結果的に見れば、呼び戻されなければ下の子は津波に巻き込まれた可能性が高い。先生に呼び戻された場所にあったローソンは、水害で被災し、営業中止に追い込まれた。学校から家の間には、流れてきたガレキや水たまり、道路の損壊やがけ崩れなどもあり、1km足らずではあ

唐桑小学校（近くには津波が置き去りにした船…写真右端）

るが、子どもだけで帰るには危ない状況であった。

同じころ、親たちも子どものことを案じていた。すぐに山越えして学校へ達する通路を見つけた人があり、佐々木さんもその人に子どものことを託した。学校へ迎えに来た友達の母親は、佐々木さんの子どもも連れて鮪立（しびたち）（集落名）経由で帰ることにしたが、夜道は危ないので、鮪立で模様眺めした後、「鮪立憩いの家」で一泊して、翌日佐々木さん宅へ送り届けてくれた。

避難先が孤立して猛火に襲われる

気仙沼市立一景島（いつけいじま）保育所は、海岸近くの人口密集地に設置されていた。そのため今回の津波で建物が跡形もなく流され、土台だけしか残らなかった。『気仙沼市統計書　平成21年版』によると、気仙沼市内には市立の保育所が9ヵ所、同じく市立の小規模保育所が10ヵ所ある。そのうち「一景島」「鹿折（ししおり）」両保育所は、それぞれ90人定員で最大規模である。この保育所は0歳児から5歳児まで入園できる総合保育施設で、気仙沼市を代表する施設でもあった。地震が発生したときには、0歳児4人を含む園児たちの「お昼寝」の最中であった。地震に気付いた所長の林小春先生（50歳代）は、揺れが長かったことから避難の必要性を感じ、まだ揺れている間に、直ちに避難の指示を発した。

子どもたちをパニックに陥らせないように、しかも統率のとれた行動に参加させるのは、かなり高度のテクニックを要するほか、今回は午睡中であり、突然の緊急事態にパニックを起こしやすい条件下であった。他の保育所でもほぼ同じ行動をとることになっているはずであるが、避難行動の仕方は基本的にはマニュアル通りである。しかし、その場の状況によって、あるいは子どもの集団心理の働きかたと先生方のコントロール技術によって、結果は大きく異なってくる。

一景島保育所では、いつもなら人数を点検してから次の退避行動に移るが、今回は全員が午睡中で人数は既に掌握されていたので、5歳児からすぐに避難所（近くの3階建ての公民館）へ移動させた。4歳児・3歳児と順次低年齢者を連れ出し、より小さい子たちは大型の保育カーなどに乗せて運んだ。

保育所では、津波警報が出ると律儀に退避行動をとっている。今回も2日前の地震で津波退避をしたばかりで、結果的にそれが予行演習の役割を果たした。ただ、今回はいつもの空振りの避難とは違い、子どもたちもいつになく緊張していたようである。最初は公民館の2階に避難したが、「ここでは危ないのではないか」という声が出て、3階へ移った。一般の避難者も一緒に行動して、子どもたちの面倒を見てくださる方もあった。そうしたことも好影響したのか、子どもたちもパニックに陥ることなく、緊張していた。

やがて黒い大波が来て、2階に浸水し、3階の屋根も越えるかと思う勢いであった。建物に何か大きなものがぶつかったような音もした。そのため「3階でも危ないのではないか」という声が出て、子どもたちを「屋上に上げよう」ということになった。職員に指示して直ちに行動を開始した。屋上には大型の貯水槽があり、いつもは特定の人しか立ち入れない場所であるが、3階よりも高い場所としては選択の余地がなかった。

この日一景島保育所に来ていた子どもは71人であったが、それに職員を合わせると保育所関係者だけで100人ほどの大所帯であった。それに、地震後に保育所へ駆けつけた家族の方もあった。この人数を1ヵ所しかない通路を使って移動させるのは、かなり大仕事であった。その間にも、次の津波がやってくる恐れがあるので、林所長は海を見張り、ちょうど首からホイッスルを下げていたので、大波が来るとそれを吹き鳴らして注意を払わせた。波が収まってからの話だが、この笛の音で「緊張したが、安心できた」と言ってくださった人もあり、「自分としては夢中で吹き鳴らしていたが、少しは役立ったかもしれない」と。

一般避難者は３階にとどまった人と、一緒に屋上へ上がる人に二分した。

屋上へ集まってみると、そこには大きな貯水タンクが設置されていて、その上面が平らなので、子どもたちをその上に上げることにした。一緒に屋上へ避難した父母や一般の方々も手伝って、子どもたちを引き上げたが、その間子どもたちは、怖かったと思うが泣いたりする子はなく、職員の指示に従って行動した。低年齢の子は職員が抱いて上がった。

結果としてその後は大きな津波は来なかったが、また来るかもしれないので引き続き貯水タンクの上にとどまっていた。子どもたちには寝ていた時の掛け布団を持って避難するように指示したが、持ってこなかった子もいたし、持って逃げた子も吹きさらしの中で毛布一枚ではやはり寒さに震えた。職員や父母はほとんど何も持っておらず、猛烈な寒さであった。それに気づいて、３階のカーテンを引き裂いて投げ上げてくれた人があり、それも子どもに巻かせたが、「寒い」と訴えた子どもが多かった。

海風に吹かれて待機している中、周囲が薄暗くなった夕方５時ごろに、大浦地区あたりから出火して重油が燃えながら湾内に燃え広がった。火は海流に乗って対岸（東側）の市街地へ燃え広がり、強風の中で火、煙、音がすごかった。避難していた建物も火で囲まれたように思えるほど、ものすごい油煙と煤（すす）が押し寄せてきた。下は水、周囲は火と煙で囲まれたが避けようがない。すでに数時間津波は来ていないし、３階へ降りてもよいのではないかと気づいて、そこからの退避が指示された。

タンクの上から１人ずつ職員が下ろすのを、お父さんたちが下で受け取って、リレー方式で次々と下ろし３階へ移動させた。幸い水は２階までで止まっていたので、３階は濡れていなかった。職員も子どもも煤で黒ずんでいたし、幼児をくるんでいたベビー毛布も煤で汚れたが、室内に入ったことで直接の煙と寒さを避けることができた。すでに停電していたので、電気はつ

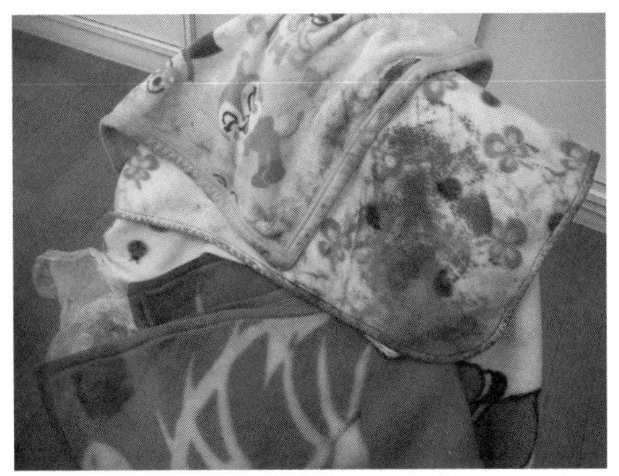

幼児をくるんでいた毛布（火煙のススで薄汚れている）

かなかったが、火災の明かりで室内の様子はよく見えた。

まだ、周囲は燃えていたが、とりあえず最悪の危機を脱すると、子どもたちの中にぐずる子が出始めた。そこで、備蓄用の毛布数枚と乾パンを支給してもらい、少しずつであったが子どもたちに分けた。これは、この公民館が孤立していたため、夕方、自衛隊が投下してくれた救援物資であった。少しものを食べると落ち着くのは子どもの習性のようなもので、ぐずりも止まった。その夜はともかく寒かったので、職員も子どもも一かたまりになって夜を明かした。あまり寒いので、何か体に巻くものはないかと見回し、自衛隊が投下してくれた毛布の袋を見つけた。濡れないようにアルミ箔でできているようであったが、ともかく何でも……と思っておなかに巻いてみると、これが意外に暖かい。そこで残っているのも集めて配り、何人かずつ集めてはこれを巻きつけて、毛布代わりにした。子どもの中にはうたた寝した子もいたようだが、多くは眠られぬままに夜が明けたようであった。

この避難所は、それ自体が被災したわけで、夜が明けてみたら水中に孤立していた。それからの苦労の顛末は、第５章Ｉ「避難所暮らし」に続編を記載する。

Ⅴ 津波を眺めていた人たち

今回の津波とたくさんの映像記録

今回の津波被害は、これまでの諸災害の中でも、抜群に記録映像が多く残された災害であった。携帯電話やデジタルカメラが氾濫するほど普及し、しかも日常的に持ち歩いている人が多く、午後3時前という撮りやすい時間帯であった。しかも晴天であった。突然やってくる地震は撮影しにくいが、津波は予想時間まで発表されるので、撮影する条件や環境が揃っていた。そのため、写真や映像を撮り慣れている人に限らず、いわゆる素人の人たちもたくさんの記録を撮った。場所によっては、役場から津波が見えたところも少なからずあり、土木や広報の担当者が待ち構えて撮影した、本格的な写真や映像も少なからず残された。

NHKなどは被災後にそうした映像を収集したようで、さまざまな映像が放映された。撮影した人は、当然のことながら自分は安全な場所にいると考えていたはずであるが、今回は多くの人の予想を超えた大津波がやってきた。そうした条件を考えると、撮影中に被災した人もいるのではないかと懸念されるが、なくなられた方の話は聞けない。ここで取り上げるのも、津波を眺めていたが、運よく津波を免れた人たちの話である。

入り江の海底が見えた！

気仙沼の唐桑半島に住む佐々木民江さん（60歳代）の家は、海抜30mほどの高い場所にある。わかめ養殖業を営む佐々木さんの夫の家は、先々代まではこの高台の下の、入江に一番近い海抜3mの位置にあった。その場所は今も倉庫と2艘の船の繋留場所として使われており、いずれも今回の津波で流失した。この集落は1896（明治29）年の大津波に襲われ、2軒が流された。そのうちの1軒が佐々木家の先々代の家であった。佐々木家では家族5人のうち4人が流され、生き残ったのが当時子どもであった義父であった。そのため義父は、「村内で一番高い場所に引っ越す」と宣言して、現在の場所に住まいを移したとのことである。作業場は海から離せないので、高い所に住まいを移せば日常生活が不便になる。そのため、当時は、そんなに高い所で

佐々木さん宅から見た入り江（突堤のあたりまで海底が見えた由）

なくても……という声もあったようであるが、佐々木さんの義父は譲らなかった。その結果、もしこの家が襲われるような津波なら村が全滅する。そんな大きな津波が来るはずは無いというのが、佐々木家の信念のようになっていた。だから大地震が来ても家さえ壊れなければ平気であった。今回の地震では、長く揺れたが棚のものが落ちるようなことは無く、家も無傷で終わった。夫は不在であったが、地震が大きかったので津波が来るかもしれないと思い、入り江が一望できる座敷で義母ら3人で海を眺めていた。

上の写真は、佐々木さんたちが見ていた入り江の景観である。義母と息子さんと3人で庭から入り江を見ていると、異変が起きた。がけが崩れたり、眼下から水が引いたりしはじめた。津波の前兆の「引き波」である。目が離せなくなり、3人とも押し黙って見続けた。潮はどんどん引いて、入り江の口元にある突堤の先まで海底が見えた。海底は真っ黒であった。1960（昭和35）年のチリ地震津波のときも同じ場所を見ていたが、そのときは突堤の手前3分の1ぐらいまでしか引かなかった。それに比べても今回の津波は大きかったようだ。しばらく過ぎると水が戻り始め、急速に勢いを増して押し寄せてきた。そのうちに物が壊れる音や悲鳴も聞こえたので、坂の下では異変が起きていることがわかった。

静まるのを待って浜まで降りてみると、一番海寄りにあった佐々木さんの作業小屋などいくつかの小屋は跡形も無く流失し、入り江の岸壁から上がる階段の鉄パイプ製の手すりもへし折れていた。津波はかなり上の家まで押し寄せ、集落の大半の家に浸水していた。

村内で流れ藻を採っていた人がこの津波に遭い、逃げられないと判断したので手近かにあった救命胴衣を２枚重ねて着込み、波にもまれながら泳いで助かった。どこをどう泳いだのか、どのくらいの時間泳いだのかさっぱり覚えていないが、とにかく岸にたどり着いて助かったということであった。

津波の後は多くの場所で停電したが、この集落では佐々木さん宅を含めて３軒だけが停電した。電柱がやられたからであったが、電気が来ていることはわかったので、一関市千厩(せんまや)町まで行って30mの電線を買い、応急修理した。水も止まったが、これは井戸があったので助かった。煮炊きはプロパンガスを使っていたので、そのまま使えた。

目の前で街が壊されていった！

気仙沼本吉民主商工会の事務局長である千葉哲美さん（60歳代）たちは、３月11日の午後、気仙沼市民会館で「3・13全国重税反対統一行動気仙沼地区集会（3・13は固有名詞）」を開催していた。３月15日の確定申告日を前にした、事業者にとってはだいじな集会であった。会館内での集会が終わり、税務署へ集団申告に向かうべく、隣接する気仙沼公園で隊列を整えているところで、地震が起きた。

会場は市内の主要な避難所にもなっている場所である。千葉さんたちは、情報が断たれた状態で何が起きていたのか判らなかったが、間もなく警察官が避難者を誘導しながら坂を上がってきて、「あんたたちも避難しなさい」と警告した。集会責任者として、税務署へ行くのは取りやめを決めた。申告書は役員が預かり、解散ということにしたため、一部の人は急いで帰ったが、大部分の人は帰れない。千葉さんも帰らずにとどまった。書類の保管などするべきことを終えた後、そのときにいた場所からは周囲の状況が見えないので、もう少し周りが見える場所へ行こうということになり、三々五々丘のあちこちへ散った。

千葉さんたちが見ていた市の中心部（瓦礫が周辺を破壊しながら進んだ）

千葉さんたちが向かったのは、気仙沼市の中心部の南側、幸町（さいわいちょう）が直下に見下ろせる高台の一角であった。そこからは、わずかであるが港も見えた。そのうちにあちこちからざわめきが起き、気がつくとメインストリートを水が流れていた。どっとではなく、ひたひたという感じで流れてきた。そのうちに流れが速くなって小さい建物を押し流すように壊した。するとそれが合図のように、細い通りまで入り込んだ水が、車を押し流したり家を壊したりし始め、そうした破材や流出物が当たって次々と家を壊すようになり、みるみる街が壊されていった。

潮は何回か増えたり減ったりしたが、一番大きかったのは２回目の波で、ビルの２階の中ほどまで、道路から5mぐらいまで上がった。木造家屋だと２階の屋根が出るぐらいの高さだが、木造家屋の多くは水がかぶる前に浮き上がって流れ出した。水が引くときには、それらのものを一部置き去りにしながら引いていくので、水が押し寄せた末端部にはたくさんのガレキが積み重なる。

信じられないような光景を目の当たりにした後、千葉さんはその時の状況からの判断と、一緒に集会に出ていた人たちの多くが帰宅できなかったことと両方の理由で、その夜は避難所でもある市民会館へ泊まる覚悟を決めた。実際には、隣接する気仙沼中学校の体育館に避難するように指示され、そこで一夜を過ごした。家のことも気にはなったが、仕事を持っている奥さんとは緊急時にはそれぞれで動くことにしてあったし、奥さんの仕事先も住まいも高台にあったので、心配しないことにした。仲間の安否のことが気がかりで、家のことまで考える余裕がなかったことの方が強かったかもしれない。

職場のことも気になったが、場所的に津波が来るような場所ではないと考えていたので、心配はしなかった。実際には気仙沼市の大川を遡上した津波があふれて、市内中心部を広範囲に浸水し、事務所から10m先まで浸水していたが、市民会館にいた時には、そうした事態は想像もしていなかった。

市民会館も中学校も避難者であふれていたが、その夜はともかく寒かった。毛布と非常食が支給されたが、毛布は一人1枚なのでとても寒さが防げない。外では雪も降っていた。他の避難者たちも、大半が急いで家を出てきているので似たような条件で、多くの人は不安と寒さで眠れなかった。

目の前を船が燃えながら通った

船舶修理工場を経営する沢淳工業所の沢井千枝美さん（40歳代）は、気仙沼港沿いの魚町に近い入沢（地名）の工場1階の事務所で、事務作業中に地震に見舞われた。ご主人は出張中であった。とりあえず義父母に避難するように伝え、次に「判子と通帳を持ち出さねば……」と、3階（中2階）へ行こうとしたところで、従業員の一人に「奥さん、早く逃げろ」と声をかけられた。その時には建物に何か大きなものがぶつかる物音もしており、下には水が来ていることが察せられた。そこで、大急ぎで従業員の一人と2階へ上がったが、すでに足もとには水が来ており、浅いけれども水の中を逃げた。その途中で義父母とも合流したが、義母はスリッパのままであった。慌てて3階へ上がったころには2階の途中まで水が来ており、3階も危なそうだった。3階の屋上からは裏の崖の上の道へ通じる緊急用の鉄製階段が用意してあるので、それを使ってひとまず上の道路まで逃れた。

瞬時の差で、眼下の工場はみるみる水没していった。間もなく水が引き始めると、今度は工場の建物が傾き始めたが、どうすることもできなかった。ただ、逃げ出したおかげで、水中に投げだされることは避けられた。水は結局そのときが最高で、その後、少しずつ引いていったが、工場を支えた四隅の鉄柱の内2本は土台から浮き上がって、建物はおよそ45度傾いていた。

子どもは中学1年生と小学校5年生の2人だが、2人ともまだ学校にいるはずであり、学校は「避難所になるような所だから安全なはずだ」と信ずるほかはなかった。実際には気がかりであったが、どうしようもなかった。雪も降る寒い夜であったが、逃げることさえ忘れていた。

そのうちに、鹿折（ししおり）（地名）方面で火の手が上がり、海も燃え始めた。海流に乗った火は夕闇とともに市街地へ燃え広がった。停電で真っ暗闇の市街地であったが、夜が更けるにつれて火災の範囲が広がり、湾内には火災中の漂流船も漂うようになった。そのうちの一隻が沢井さんの工場に近づき、目の前を横切っていった。実際には100mぐらいは離れていたと思われるが、火炎を上げながら漂流していく船からは、熱ささえ感じられるほどであった。

その時、何か考えていたかどうかを訊ねたのに対して、沢井さん（奥さん）は、「何とかして目の前の工場の3階に置いてある判子と通帳を取りに行けないか、そればっかり考えていた」ということであった。夜明け近くにひょっこりご主人が現れ、叔母の無事も伝えられた。義父母は自分と一緒に逃げているので、確認できない子どもたちを除いて家族の全員無事がわかり、とりあえず住む所もあることがわかって、漸く安心できた。

そこで、ご主人と2人でもう一度工場が見える場所まで行ってみたが、火災の明かりで十分様子を見ることができた。もちろん、見えたのは、無残に傾いた工場の外観だけであった。それを確かめて、全員で自宅へ移動して朝を迎えた。5月中旬に、民商の仲間たちの協力を得て、流失を免れた設備などを工場から取り出そうとしたが、重機を使わないと動かしようもなく、後日、2階から上を切断して解体した。

鹿折で津波の襲来を見ていた

鹿折（ししおり）で大工をしていた細谷正人さん（70歳代）は、震災後、津波を予想してJR大船渡線の鹿折唐桑駅の裏山へ避難した。間もなくその山上から津波（第2波）が来るのが見えた。波が黒煙のようなものを巻き上げながら迫って

気仙沼大火災の主要な原因になったコの字
突堤の船舶用軽油タンク（流失を免れた２基）

鹿折の被災地
（市街地は火災で焼失。大型船は第 18 共徳丸）

きた。カツオ船がぐるぐる回りながら流れてきた。巻き網船の第十八共徳丸が、家などを壊しながら流れていくのも見えた。津波がやってくると電柱がばたばたと倒れて怖かった。

夕方になると、気仙沼港の「コの字突堤」の方向から煙が上がり始めて、西風に乗ってみるみる海面が燃え始め、気仙沼湾東岸の街並みに火災を拡げながら、湾奥へ火災地域を拡大した。湾東岸に連なる造船所の辺りも炎で包まれているようであった。

自分は足が悪いので、早めに坂を這って逃げて助かった。当日の夜は、草の上でシートだけかぶって過ごしたが、長く立っていることができないのでお尻が冷たかったし、雪も降って寒かった。市民病院に通っているが、医療機関もやられたため、患者が集中して混雑している。病院では診断しても病名のない外来患者が増えている。今は救援物資が配られているので問題が表面化しにくいが、やがてこうした支援がとまると、生活できなくなる人がたくさん出てくる可能性がある。

鹿折海岸は 75cm 地盤沈下しているという話なので、まず相当広範囲にかさ上げしないと、再建工事も始められないのではないか。気仙沼港の市場は、6 月末までにかさ上げする予定。例年なら気仙沼へ来るカツオ船が、仙台港に入って 7,000 万円の水揚げがあったという話なので、気仙沼も早く再開したいはずだ。

Ⅵ　情報途絶状態の中で

情報不足の中での情報センター機能

千葉哲美さんの話を続ける。震災当日、避難所の周りの被害状況は、見てきた人たちの話が伝わって、多くの人が知っている様子であった。そのため、丘の上に建つ体育館や隣の市民会館は、孤立した状況らしいと考えられた。夕方には、市内で煙が上がるのも見えたし、気仙沼湾の東側が燃えていることもわかった。その後の経過やほかの地域の詳しい情報もほしかったが、体育館は停電しているし、携帯電話も中継装置が被災したらしくて通じない。テレビや電話は、そもそもない。カーラジオだけが一晩中、仙台や塩釜、石巻などがたいへんな事態になっている様子を伝えていた。

こうして一夜が明けると、少し離れた場所から見下ろす市街地には、まだあちこちに水たまりが残っていたし、煙が立ち昇っている所もあった。しかし、一応水は引き、ガレキは散乱しているが、無理をすれば車を走らせることができそうだった。他の人たちも同じような判断だったらしく、翌朝、明るくなるとともに、体育館から出て行く人や、車を出す人が増えた。千葉さんも、このまま避難所にいても何もできないと判断し、午前10時半ころ避難していた市民会館駐車場を車で出た。想像以上に広範囲であった被災地を避け、通れそうな大回りの道を選んで、いつもの倍以上の時間はかかったが事務所へ帰り、とりあえず事務所が被災を免れたことを知った。

千葉さんは、その後10日間にわたり事務所に泊まり込む結果になった。自宅のある唐桑半島が孤立状態であることがわかり、気がかりではあったが、ガソリン不足で一度戻ると帰ってこれなくなる心配があった。それにもまして、「こんな時こそ事務所を開け続けなければ……」との思いが強かったという。電話は不通、水道や電気も使えず、情報はラジオだけという生活は初めてだったが、真っ先に会員やその家族の安否確認に奔走した。心配した役員さんたちも状況を伝えに来てくれたりした。知人の様子を聞きに来る人も多かったし、会員や近隣の人たちの生活や営業の相談も多かった。一人でいるのが心細くてお喋りに来る人もあり、事務局はさまざまな人たちの相談所兼連絡所として賑わった。

事務局にはいろいろな情報が寄せられ、必要に応じて提供したが、手不足で伝達方法が限られた。通常の日刊新聞も発行されていたが、配達ルートが寸断されたほか、受け取るべき家も流されたり、避難所生活で、新聞を見る機会も失われている人が多かった。被災後の現地は、こうした情報環境に置かれたため、特定の情報を知りたい人は、市役所やこうした団体事務局へ足を運んで情報の有無を確かめるしか方法がなかったようである。そのため、民商事務局は定例の休日もやめて連日開放し、幅広い情報の収集とさまざまな相談の対応におわれるようになった。気仙沼市と友好都市協定を結んでいる中国の周山市（浙江省）から、見舞いのメッセージが届いたこともあり、これは市役所の災害対策本部に届けた。

被災数日後からは、全国各地から救援物資が寄せられるようになり、これは２階（会議室）に置いて、必要物資を持ち帰ってもらう無料バザーにした。避難した会員には週１回ぐらいの割合で訪問し、ついでに食料や家族構成を勘案した生活物資が届けられた。こうした物資の整理・分配は民商の婦人部員が交代で運営に当たり、無料バザーには会員、非会員を問わずみんなが来て、持ち帰ってもらった。

事務局職員の食事は、近くで食堂を営む会員さんから提供された。幸いガスはプロパンだったため使えたので、事務局でご飯を温かいおじやにしたり、お湯を沸かすこともできた。また暖房器具は、電気を使わない石油ストーブだったので、日中の寒さはしのぐことができた。

一人一人探し歩いて安否確認

震災の翌日、市の体育館から民商の事務所に戻った熊谷よね子さん（事務局員）は、本吉病院に入院中のお義母さんが心配になり、いったん自宅に戻ることにした。その本吉病院も１階が完全に水に浸かり、入院患者はいったん２階に避難した後、別の病院に移送されていた。落ち着いた先の病院は、一関市旧千厩（せんまや）町の病院で、自宅から車で１時間あまりのところであった。急いで一度は車で訪ねたが、猛烈なガソリン不足にあい、以後２週間ほどはどこに行くにも車を使えない状態になった。

出勤することもできなくなった熊谷さんは、自宅を拠点に、夫の熊谷克利さんの協力も得て、徒歩で会員の安否確認をおこない、時折りお義母さんも見舞った。津波で寸断された道路を、徒歩で避難所をめざし、避難者の中から会員を探す、気が遠くなるような活動であった。探す範囲が拡大するにつれて、時には車が必要になるときもあったが、道路は津波による流失や液状化による段差などにより、いたるところで破損していたし、応急開通した幹線道路以外は瓦礫が散乱しているところも多かった。手で動かせるものは道路端へよけて車を進めるが、大きな障害物があれば迂回せざるを得なかった。こうして目的地に着いても、そこが津波で破壊されて不在で、近くの避難所を聞きまわるというような手間が必要であった。そのうちに、別の会員が自分で得られた情報を伝えに来てくれるようになり、次第に確認ピッチが上がって、１月末（被災 20 日後）には大半の会員とその家族の動向が把握できた。家族が亡くなられた会員もあった。

民商では、連絡が取れた会員には全国から寄せられた支援物資を周期的に届けたが、一度連絡が取れた会員の中にも、避難所を変えると連絡が途切れる人もでき、支援物資の配布にも苦労したが、とくに喜ばれたのは米と野菜であった。避難先がつかめない人や県外へ転出した人もあり、最後の会員と連絡が取れたのは、８月に入ってからであった。

ソーラーも止まった

被災地では、地震が起きた直後から広範囲に停電した。そのため、テレビは完全に沈黙した。加えて電話は不通、携帯電話もしばらくは不通であった。新聞も来ない。家から離れて避難所暮らしをしている人たちの多くは、ほぼ完全に情報から隔絶された状態に置かれた。その間、新聞では号外を出した新聞社が多かったし、連日震災被害の状況を大型の写真入りで伝えていた。テレビもラジオも、民放まで特別報道体制に切り替えて、刻々地震関係の報道を続けていた。そうした報道の中には、被災地向けの津波警告や被災者向けのお知らせ報道も少なくなかった。しかし、現地では、停電や家を出ているため、多くの被災者はそれらの報道に接する機会がなく、結果的に、被災を免れた人に向けて報道を続けるという、皮肉な結果になった。

肝心の被災者の多くは、正確な情報が受け取れず、たびたび襲ってくる余震におびえて、必要以上に怖い思いをして過ごす人が多かったが、そうした中にソーラーを設置していた家があった。

気仙沼でも震災前から自然エネルギーへの関心が強く、町の電気店が熱心に売り込みをかけていたこともあって、ぽつぽつとソーラー発電装置を取り付ける人も出てきていた。気仙沼ではソーラーとオール電化をセットにして売り込んだ店が多かった様子であるが、本来この両装置は無関係なものである。オール電化が停電に弱いことは周知のことなのでことさら取り上げないが、問題はソーラー発電装置であった。ソーラー発電にもいろいろな方式があるようで、ソーラー発電設備を備えていた家でも、停電してしまった家が少なからずでき、気仙沼市内の広範囲な地域で情報が途絶える事態になった。ただ、被災を免れた地域では新聞が配達されたため、そうした地域では活字メディアによって事態の詳細を知ることができた。

緊急避難所からの脱出

津波と火災から逃れて公民館の3階で一夜を明かした一景島保育所の職員・子どもを含む大勢の避難者たちは、翌朝、ヘリコプターによる救出が行われることがわかったので、救援機が来るまでに避難者で相談して、救出してもらう順番を決めた。しばらくするとヘリが来て救出作業を始めたが、初めてのことでベルトの装着などに手間取り、空中に止まっているヘリへ引き上げられるのに一人15分から20分ぐらいかかった。一度に10人運べるが、3往復したところで初日の作業は終わってしまった。公民館には数百人が避難していたので、大半は残ったわけである。

翌日、ところどころに煙は残っていたが、公民館周辺の火災は収まっていた。水も一応ひいていたが、ガレキとヘドロで足の踏み場もない様相であった。ヘリコプターは待ってもなかなか来なかった。事態が進展しないまま午後になってしまったが、昨夕以来子どもたちはほとんど何も食べていない。もちろん職員も同じであるが、子どもは大人のようには辛抱ができない。

そろそろ限界と判断して、備蓄食料を分けることにした。実はこの公民館には時々避難するため、１回分のお菓子や水が預けてあり、避難した時にはおやつに食べさせていた。２日前の地震の時に、その前に預けてあったお菓子や水を使ったので、翌日すぐに代わりを預けておいたものである。幸いその備蓄品は水をかぶっていなかったので、それを出してもらって食べさせることにした。もとより食事用ではないので、飴とせんべい、乾パン１個、それに水である。水はいつもなら全部使えるが、今回は補給がきかないし、ほかのときにも飲ませる必要があるので、「ごっくんと１回だけね。ごっくん、ごっくんはダメよ」と言い聞かせて、まわし飲みさせた。職員や付き添いの親たちにも、一口ずつ飲んでもらった。

夕食は、乾パン２個と水一口で済ませた。やはり寒かったが、泣いたりする子はいなかった。疲れていたためか、多くの子どもは眠ったようだったが、一部の子どもが発熱や吐き気を訴え始めた。一緒に避難した人の中に女性の看護師さんがいたので、応援を求めたところ、脱水症状だと判断された。そろそろ残り少なくなっている水を少し飲ませる以外に方法がなく、このときはほんとうに途方にくれそうだった。

４日目は、朝から２回目の救出が始まった。今度はドラム缶を切ったような器の上部をチャックで閉める、ボート型の容器を下げてきており、これに親子や職員と子どもが一緒に乗り込む方式に変わった。さらにこの日の午後には、まだぬかるみ状態ではあったがとりあえず水が引いたグラウンドに、ヘリコプターが降りられるようになり、直接ヘリに乗り込めるようになった。こうして運搬速度が飛躍的に改善されて、夕方までに公民館の全員が移送された。

実はその間に、避難者の手で、公民館とヘリ昇降場との間に、板切れなどを集めて通路が急造され、高齢者も子どももぬかるみを歩かずにヘリに乗り込むことができた。ヘリで運ばれるときに見下ろすと、公民館の屋根の一部が壊れていた。２階までは水が来たので、結局３階だけが無事だったことになる。後日聞いたところでは、この時ヘリコプターで運ばれた避難者は450人だったそうである。運ばれた先は気仙沼中学校であった。

一景島保育所と合併した内の脇保育所

着くと、時々共同行事や交流活動をしている同じ市立の内の脇保育所（被災を免れた）の先生方が応援に来てくださっており、手際よく、子どもたちを誘導したり、手を拭いてやったりしてくださって、ほっとした。全員無事に移動し終わったことを確認した後、避難所から提供された食事をいただいた。公民館と違って、非常食とはいっても量も種類も格段に多い。

ほぼ4日ぶりに食事らしい食事をいただくことになった子どもたちは、がつがつと音がするように食べた。水もしっかり飲めた。食べると元気が出て、はしゃぐ子や笑い声も出るようになり、たちまち保育所らしい雰囲気が戻ってきた。

一景島保育所は水害で流され、土台だけしか残らなかったが、そのことを知った父母たちは、子どもの行き先を探して避難所めぐりをされていた。そのうちの10人が気仙沼中学校で合流できた。この4日間一緒に避難していた人の中にも、ここで夫婦が再会できた人もあった。こうした、子どもに食事をさせたり、遊ばせたりする仕事は、主として内の脇保育所の先生方にやっていただいた。その間に一景島保育所の先生方には大仕事があった。子どもの親との連絡である。

こうした事態に備えて、林所長が唯一持ち出したのが、父兄への「連絡簿」であった。A6判よりも少し横長サイズの、使い込まれた青表紙のファイルには、一人の子どもについて最低4ヵ所の連絡先が書き込まれている。固定電話は不通なので、もっぱら携帯電話で、職員が手分けして次々とつながる先を探し、気仙沼中学校へ来てもらうように連絡して、引き渡した。こうした努力の結果、同日の夕方までに一人を除いて全員を親元へ帰した。残る一人は親戚と連絡が取れ、親戚の人が親代わりに引き取って帰られた。

こうして一景島保育所の長い4日間は終わったが、職員の中には被災した人もいる。4月から同じ市立の内の脇保育所の所長に就任された林先生自身も、2ヵ月間、避難所から通勤しなければならなかった。

数日後に、林先生が何か残っていないかと、土台だけしか残っていない一景島保育所へ遺品探しに行かれたそうだが、ようやく見つけたのは2cm半ほどのクレヨン一個だけであった。ほかには、ガレキはいろいろとあったが、保育園に関わりがあると思われる物は何も残っていなかった。

助かった子どものうち、20人は卒業間近かであった。この子どもたちは、春からそれぞれの小学校に進学した（被災地では5月の連休明けに入学式をおこなった）。こんな事態で恒例の卒業式はできなかったので、5月21日に、内の脇保育所で卒業式がおこなわれた。用意してあった卒業証書は流失してしまったので、市と相談してもう一度作り直し、小学校へ入学してから保育所を卒業するという、ちょっと変形になったが無事送り出せた。

一景島保育所自体は、内の脇保育所と合併する形で内の脇保育所の園舎に統合された。内の脇保育所は、もともとは0歳児から2歳児までに限って受け入れる専門保育所であったが、今は0歳児から就学前まで受け入れる、通常型の保育所として運営されている。

急に拡大した内の脇保育所では、机や椅子、食器などが不足したが、ボランティアや県保育協議会などの支援で、新年度までに揃えることができた。間もなくユニセフからの支援資材も届くことになった。家ごと被災した子どもたちには、布団や子供用毛布、文具類などの寄付が寄せられ、円滑に滑り出したそうである。

この内の脇保育所は、気仙沼市民会館に近く、向かいが気仙沼公園という場所に立地している。その市民会館は市内最大の避難所で、自衛隊が写真の

自衛隊提供の風呂“玄海の湯”

ような「玄海の湯」と名づけたお風呂を提供しているほか、ボランティアが頻繁に炊き出しやイベントをおこなう地域にあり、震災以来にわかに賑わうようになった一画である。

第５章　震災後をどのように過ごしたか

Ⅰ　避難所ぐらし

高齢のお客様に寄り添って

JR 気仙沼線の不動の沢駅と南気仙沼駅で三角形を描くような位置にある田中前（地名）で、美容院「ベルジュバンスサロンよしだ」を経営する吉田敬子さん（60 歳代）は、1978 年に一人で創業。1990 年代には４人でやっていた時期もあったが、手狭なため被災時には３人体制で経営していた。

震災の時は、お客さんが一人いて、スタッフの一人が毛染めをしている最中であった。

吉田さん自身は、外出のために車で店を出た直後に地震に遭った。信号待ちの停車中で、バックミラーを見たらスタッフとお客さんが外に出てきたので、急いで引き返した。店内は散乱し、すでに停電していた。店には洗髪途中のお客さんがいたが、シャンプー椅子が動かなかったので、前かがみでシャンプーさせ、お客さんを家へ送って、いったん店へ戻った。津波の危険を感じたので、スタッフと車を近くのパチンコ店の２階の駐車場に３台置かせてもらうことにし、急いで身支度した。店は停電で暗く、美容用品が散乱していたので、足で蹴飛ばしながら身支度した。また戻ってくるからと思い、何も持たず、レジのお金もそのままにして戸締りしているところで、携帯電話が「避難情報」を伝えてきた。その時、後で、誰かの「避難した？」という声がしたので、「今避難するところです」と答えて、３人で周りの人たちに「避難しましょう」「早く逃げましょう」と大声で叫びながら、走って、約 1.5km 離れた市民会館（指定避難所）に向った。

３人で南駅前の広い通りへ出て、車が右往左往しているのをよけながら通りを横切り、病院の前まで来ると年配のお客さんに出会った。「いま息子が小学校へ子供を迎えに行ったので、待っている」と話されたので、「そんな余裕はないから、一緒に逃げよう」と話し、一緒に市民会館へ急いだ。市民会館の坂を上がったところでまた携帯が鳴った。今度は取引先の社長さんからで、「避難したか」とのこと。話しながら、周りが騒がしくなったのに気づき、振り返ってみたら津波が見えた。市民会館に着いて間もなく、民商の千葉哲美さんと出会い、心強かった。

市民会館近くの高台から中心街を見ていると、走行中の車を追いかけるように津波が迫り、瓦礫が壁のようになって建物を壊しながら、みるみる商店街一帯が浸水していった。津波は上が赤く見え下が黒く見えながら押し寄せてきた。後から聞くと約6mの高さだったということだが、目の前で起きたことが信じられないような、アクション映画を見るような光景であった。

自分は高台にいて、スタッフや知人も近くで一緒に見ていたので、自分自身の危険は感じなかった。しかし、店は見えない位置であったが、この津波でやられたことは確実だと思ったし、お客さんたちのことも気になった。車を置いた場所もそんなに高い場所ではなかったので、水没か流失を覚悟した。その時は、「今夜は帰れないなー。ここにいることになるのかなー」と思ったが、不思議と不安ではなかった。それよりも、この近くにTさんという、高齢で一人住まいのお客さんがいることを思い出し、自宅を訪ねた。足が不自由で、外出も難しくなり始めているかたである。同じ高台の上にある家なので、水害には遭わず、地震の被害もほとんどなかったが、心細かった様子で、歓迎され、熱いお茶をご馳走になった。1時間ほど話をして、自分たちは市民会館の避難所へ移った。

市民会館にいても落ち着かないので、時々外の様子を見に行ったりして出入りを繰り返していたが、17時ごろになると市内で火災が起き、火の手がこの高台にも迫ってくる危険を感じた。辺りが暗くなり始める中で、停電してテレビなどは見えないので、Tさんのことが気になり、もう一度Tさんを訪ねた。

高齢者が一人でいるよりも安心だからと避難を勧め、自分も毛布を1枚借りて、市民会館2階の中ホールへ避難した。そこでは知り合いの美容師さんや、いとこに出会った。いとこは妻（S）が見つからないと、さがしに来ていたが、市民会館では見かけなかった。

市民会館の２階で仙台へ出張中であったうちの向いの乾物屋の息子さんと出会った。声をかけると、「父も母も見つからない」と言うので、私たちが逃げる時に声をかけたことを伝えた。

避難者には、夜８時ごろにビスケットが３枚ずつ配られた。飲み物はなかったが、まわりの人が持っていたので少し分けて貰ってしのいだ。翌日は、朝ビスケット５枚ずつ。昼にはおにぎりを２人で１個ずつ、夜は１人１個ずつ貰った。

その間に、Ｔさんの希望でいったんＴさん宅へ連れ帰り、Ｔさんは自宅で過ごすことにした。私は、今度は長期戦を覚悟して、水や新聞紙をもらって市民会館へ戻った。この日から会館前へ給水車が来てくれるようになり、容器さえ用意できれば飲み水は確保できるようになった。まだ水が引かない会館周辺の状況や、引き続き停電したままの状況をみると、生活物資の入手も容易ではなく、Ｔさんを一人で置いて帰るのも忍びなかったので、しばらく一緒に避難所で暮らそうと考えた。

市民会館へは、前年２月28日のチリ地震津波の時にも避難したことがある。その時には乾パンなども持って避難したが、今回は借りた毛布以外には何もなく、しかも２、300人もの人がぎっしりと入っていた。ほかの部屋も覗いてみたが、同じように満員だった。真っ暗な中で、もらった新聞紙を体に巻きつけたりしたが、すごく寒かった。子どももたくさんいたと思うが、大人の緊張や異様な雰囲気を感じたのか、泣く子もなく静かな夜だった。隣で寝ていた人は津波の中を逃げてきたのか足がぬれていた。

翌日、美容師仲間の姪が車で来てくれたので、頼んで店と自宅を見に行った。しかし、瓦礫と残り水で店までは近付けず、結局、店の状態を確認することはできなかった。自宅へは行けたので、浸水したものの家自体は大丈夫であることが確認できた。この姪が、使い捨てカイロなど当座の品や、食料品、飲み物などを届けてくれたので、まわりの人たちと分けあった。おかげで２日目の夜は、前夜よりはましな一夜で、寒かったけれども眠ることができた。しかし、2日目の夜にも余震があったし、周りは家族を探す人たちの動きもあって落ちつかず、眠れなかった。私のいとこもまだ奥さんを捜していた。

店のスタッフは一緒に避難したので無事だったが、もう一人のスタッフは家が海の近くだったのでとても心配していた。ちょうど娘が東京から帰省中で、スタッフの主人の両親と家にいたので、津波に遭ったのではないかと心配した。その後ご主人が訪ねてきて、娘も両親も安否が確認できないということだったので、スタッフは帰宅した。私たちは市民会館での避難を続けた。家族と連絡が取れない人については、一緒に安否確認を手伝った。その人は隣の中学校で見つかり、別の高齢者に付き添って避難していた。民商事務局の熊谷さんの示唆で、市民会館の入り口に「無事」の張り紙を出した。その日の夕方から、市民会館が玄関に安否連絡の張り紙を出し、それに避難者が安否メモを書き込むようになった。

3日目に、妹がおにぎりなどを届けてくれた。岩手県の前沢から道路事情を気にしながら来てくれたもので、大変うれしくホッとした。避難所からは乾パンやおにぎりもいただいたが、不足気味なので助かった。時間が経つにつれて、自宅へ戻る人が出る半面、身内の訃報を受ける人も増えて、会館内の空気は沈みがちになり、声高に話すことも遠慮がちになる雰囲気が強まっていった。自然、笑い声も聞かなくなった。私もいとこの妻（S）と会えず、次第に気が重くなって、近隣の避難所も回ったが見つからなかった。その妻の弟も、2日目から連日探しにきた。

4日目の夕方、市民会館にいた人の中から、「別の避難所でSさんが無事だという貼紙を見た」という情報を得た。それを手がかりに大急ぎでもう一度探し歩き、夜になってから合流することができた。顔を見たときにはほんとうに嬉しくて、抱き合って泣いた。

Sさんの話によると、3月11日は姑夫婦と自宅にいた。地震後、足の悪い姑と逃げるのが難しく、2階に上げようと手を引いて階段を上ったが、中段あたりで津波にあい、気が付いたら手を放していた。Sさんは水の中を右に左にもまれながら、カーテンにすがってカーテンレールに手を伸ばし、気

市民会館前の仮設水道

づいたら自分は助かっていた。体はぬれ、家は傾き、外から冷たい風が入ってきたが、寝てはだめだと思い、必死でがんばった。すると、外でカラスの声がして夜が明けることを知った。薄明かりの中、何とかして屋根裏から外に出てみたら、隣の屋根のほうが安全そうなので移動した。やがて自衛隊の人に助けてもらった。その時素足だったので、自衛隊の人が拾ってきた靴を履き、市立病院まで搬送されたとのことだった。

病院内も大混乱の状態だった。一晩手当をしてもらったが、着替えがなく、看護師さんのジャージを借りて、そのまま別の避難所（Ｋウェーブ）にバスで送られた。電話もつながらず連絡も取れなかったとのことだった。

５日目に知人が迎えに来てくれたので、結局４泊５日滞在したところで市民会館を出ることにした。一緒に避難していた店のスタッフたちも家族と連絡がついた人から順次帰り、唐桑から来ていた一人も家の様子がつかめず心配していたが、４日目にご主人が迎えに来て帰った。

私は、市民会館を出ても自宅は１階が浸水被害を受けて住めないので、自宅近くの避難所である条南中学校へ移って、引き続き避難所ぐらしを続けざるを得なかった。ただ、市民会館よりも自宅に近いため、同じ地域の住民が多く、１階だけ浸水被害を受けたという被害程度も似た顔見知りも多かったので、市民会館に比べると雰囲気は明るかった。しかし、水も電気もないので、生活条件としては快適ではなかった。

ここでは、昼間は自宅のヘドロ掻きや瓦礫撤去、浸水家財などを片付けに行き、夕方から条南中学校へ帰って寝るという生活に変わった。自分はこうしたしなければならないこともあり、メリハリもついて、避難所の生活条件でも耐えられたが、高齢者などでほぼ一日中学校暮らしの人には、つらかったと思う。

中学校へ移って3日目、被災後1週間目ぐらいの日に、私の叔母がおにぎりをたくさん持って訪ねてくれたので、それを持って市民会館を慰問した。まだ知人がたくさんいて、「おなかがすいていた」と喜んでもらえた。詳しい給食状況は聞かなかったが、食事や飲み物はまだ不十分なようだった。

条南中学校の避難所も、支給される食事が特別良かったわけではないが、自宅が近い人が多かったため、冷蔵庫に残っていた食材やおなべなどを持ち寄って、携帯コンロで調理して、みんなで食べるようなこともできた。それが避難者どうしの交流にもなったし、不足がちな食事を補う役割も果たした。条南中学校でも、はじめは乾パンだけだったが、間もなくおにぎりが配られるようになった。時々は、韓国製のカップラーメンや缶詰が配られることもあった。

この避難所に10日間世話になる間に、家の片づけもあらかた終わったので、震災後半月ほどで自宅に戻ることができた（以下、第6章Ⅰへ続く）。

避難所自治組織ごと市外移転

小泉の中舘忠一さんは、小泉中学校避難者で組織された「振興会」という避難所自治組織の、会長として活動している。旧本吉町（現、気仙沼市）の小泉地区では、いくつかの避難所が津波被害を受け、残った避難所が少なかったこともあり、小泉中学校には、やや広範囲の人たちもたくさん避難してきていた。そうした中で中舘さんは、震災前から小泉地区の振興会長をしていた関係もあって、避難所でも自治会が組織される前から相談を受けたりする機会が少なくなかった。

この小泉地区は、以前から岩手県室根村（東磐井郡。現、一関市室根町）の津谷川で孵化した鮭の稚魚を購入して、小泉で放流していた。そうした関係で、室根の子どもたちに鮭のつかみ取りをさせるなど、かねてから岩手の津谷川地区（中心は室根）と交流があった。そうしたよしみで、被災後、室根の人たちが、小泉中学校の避難所へ、炊き出しと合わせて、炊事用具から米まで、いろいろな食品を持ち込んでくれた。そこで、避難所にいる人たちで炊き出し班や清掃班などの分担と、１日３回の打ち合わせを決めて自治活動を始め、震災後１週間目ぐらいからは、秩序だった避難所生活ができるようになった。人の出入りが激しいので、班の編成は絶えず組み替える必要があった。

小泉中学校体育館の避難所では、元気な人たちは被災の翌日からそれぞれ自分の家を見に行ったり、人探しに歩いたりしていた。5日目になると、ダンボールや毛布の追加が配られ、食事の配給量や種類も少しずつ増えて、多少ましになった。しかし、400人を超える人が集まると、いろいろなことが起きる。解決しなければならない問題も少なくないし、役所へ頼まないと解決できないことも多い。中舘さんは小泉地区の３つの振興会を束ねる役に付いていたので、ほかの振興会長らと相談して、震災後２週間目あたりの日に居住者集会を開いて、この避難所の自治組織を立ち上げた。誰からも異論は出なかった。役員には震災前の振興会長３人が選ばれて就任した。

その後は、避難所内の要求や問題を１日３回の打ち合わせで相談し、朝5時からみんなで動いた。炊事のためのマキ集めやコミュニケーションは、順調にすすんだ。欲しいものがあれば役所に頼んで、入手できるものは運んでもらう仕組みを作った。

振興会と居住者との関係は、入所当初は震災前に所属していた振興会のメンバーという位置づけで、振興会役員は、あちこちに散っている住民に物を届けたり、連絡に歩いたりしていたが、間もなくそれぞれの避難所の振興会に所属するように改組した。

最初のうちは日を追ってこの避難所へ来る人が増え、１ヵ月後には500人ほどになっていた。その間にすまいを見つけて出て行った人もあるので、新たに参加した人数はもっと多かった。昼間はそれほどでもないが、夕方になるとみんなが帰ってくるので、体育館は超満員になる。それでも、大半が同じ集落の住民であることや、自治組織のおかげで、問題になるほどの大ごとは起きず、不都合があれば組織的に役所に依頼することで、不便ながらも避難所生活が円滑に維持できた。

毎日避難者が変化するため、毎朝６時から役員会を開いて、在住者のその日の役割分担を決めて伝える。続いて、安全確認、必要物資の検討、必要に応じて市役所への依頼などを済ませる。昼間はそれぞれの仕事に従事し、役員は夕方６時からもう一度集まって、在籍者の確認や翌日への準備などを話し合っている。

中舘さんたちが避難所で振興会活動を始めたきっかけには、震災前からの地域組織のベースもあったが、この避難所へ避難者もボランティアも無秩序に出入りしているうちに、自販機が壊されるとか、避難者の所持品がなくなるような「事件」が起き始めたことであった。「これはまずい」ということになり、震災以前から地域で機能していた昔の「部落常会」の系譜を引く「地域振興会」を、避難所でも組織することにしたものであった。避難所に来る人の多くが、震災前の３つの振興会のいずれかのメンバーであったという、この地方特有の事情もこうした活動をささえたようである。

「事件」対策としては、夜10時に役員と有志で体育館内外を巡回することにした。こうした活動を始めてから、昼間は役員がいなくても在館者が注意を払ってくれるようになり、異常があると報告が入るようになった。それ以来「事件」も影を潜めた。

こうして避難所生活はおおむね平穏に推移するようになった。そうした中で困ったのは、風呂に入れないことであった。これは役所でも簡単には解決できないので、津谷川の人と相談したら、「うちの公民館の風呂へおいで」と言ってもらった。往復については、最初は市役所から車を出してもらった。希望者の人数調整などは必要だが、おかげで14、5km 離れた津谷川までお風呂へ入りに行けるようになった。震災後１ヵ月を過ぎる頃には、１回に80人から100人ぐらいが入浴で往復するようになった。

ところが、他地区から批判が出たということで、市のバスによる送迎を中止したいという話が来た。そこで、これも津谷川と相談して、週２回ずつ津谷川のバスで送迎もしてもらえることになり、継続できた。しかしそれも大変なので、避難所自体を小泉中学校（体育館）から津谷川の公民館と小学校へ移すことになった。

当初は、「２次避難所には支援物資が来なくなる」などと言われたが、折衝の末、結局、気仙沼市と一関市の両方から支援を受けられるようになった。この移転によって、居住性はやや改善されたし、食事や風呂も便利になった。送迎バスは、仕事などで気仙沼へ通わなければならない人もあり、その後も朝と夕方に車を出してもらっている。そうしている間に、仮設住宅に当たる人や、自分で住まいを確保する人が次第に増え、６月半ばに津谷川にいる人は40人ほどに減った。

「津谷川地区の人たちの心遣いは、本当にありがたく、一生心に残ると思う」と中舘さんはしみじみと語った。

振興会の仕事は、最初は避難所の一角でおこなっていたが、津谷川へ移って間もなく３間×３間（5.4m四方）の別棟を建てて、独立の事務所を開いた。

避難所暮らしで困ったのは、震災や救援物資などに関する情報がほとんど入らないことであった。停電で、電気を使う器具は機能しなかったし、携帯電話も震災直後から40日間も通じず、仕事の連絡もできなかった。避難所には毎日多くの人が出入りするが、大半の人は同じように情報から隔絶されており、人の出入りの割には正確な情報は乏しかった。そうした中で、いっしょに生活していた市職員の菊川さんが、逃げる時にノートパソコンを持ち出していた。震災後２ヵ月ほど経った頃から電柱が敷設され、順次通電するようになった。そこでこのパソコンを使って、現地の状況や、払底している生活物資のことを発信し始めた。それ以来、この避難所にも直接救援物資が送られてくるようになり、「外界とつながる」実感が感じられるようになった。携帯電話のメールを利用できるようになったことも、その便利さがありがたかった。

奥さんと事務員さんが依然として行方不明で気がかりなことなど、中舘さん自身も悩みを抱えていたが、振興会の役員という地域に責任を持つ仕事もあり、振興会設立後は主としてそれに没頭できるようになった。6月16日現在、奥さんも事務員さんもまだ行方不明である。

中舘さん家族3人も仮設住宅を申し込んでいるが、他方では、まだ住民がたくさん残っているので、もうしばらくはここで振興会長としての仕事を続ける必要も感じておられる様子である。

Ⅱ　支援物資を届けた人たち

支援物資の偏り

被災地への支援物資は、大別して4つのルートで届けられた。①行政機関や自衛隊による備蓄物資の配布、②個人や企業、団体などが特定の相手先へ届けたもの、③行政機関、マスコミ、ボランティア団体などが各地域や全国から集め、被災地へ分散して届けたもの、④同業者団体や政治団体、宗教団体などが、全国の関係団体などから集めてその系統の被災地団体へ届けたもの、である。このうち①は当然の活動で、阪神淡路大震災の経験から被災後3日目には最初の物資が届くはずであったが、今回は広域に及ぶ津波被害のため、1ヵ月経ってもほとんど何も届かない被災者が多数出るなどの問題が残った。②は実態がつかめない。③はマスコミなどでしばしば取り上げられた通りで、量は多かったが配布先の偏りがひどかった。④は直接被害者やその周辺の人たちへ届くほか、被災後2ヵ月め頃からは中間機関が被災者からの希望を取り次いで、全国から必要物資を集めてピンポイントで届けるようになった。そのため、業務用の特殊な工具などまで入手できるようになって好評であったが、そうした関係から外れる人には物資が行き渡りにくかった。全体として混乱する中で、こうした長所短所を抱えながら、様々なルートで物資が被災地に運ばれた。

初期の支援活動では、受け入れの体制が整わないとか、給油に難儀したとか予想外の障害もあったが、被災後1ヵ月過ぎた頃からは、全国から送られてくる支援物資のミスマッチにより、処理に困る事態も起き始めた。支援物資の多くは無秩序に送られたため、テレビで報道されやすいところへは始末に困るほど集まる反面、都会から離れた小集落などでは、行政の支援以外はほとんど何も届かなかった所も少なくなかった。また、規模の大きい避難所にはたくさんの支援物資が届いたが、半壊の自宅で暮らす被災者や県外へ避難した人たちにはほとんど何も届かなかった。これらは送る方に問題を転嫁することはできないので、今回の震災を機に、支援物資集配の仕組みづくりが課題として残された。

結果的にそうした問題も起きたが、全国から膨大な量の支援物資が東北の太平洋沿岸地域へ送られ、その過程に参画した人たちは、限られた人手間ながら、必死に物資の配送・配給に尽力した。以下はその一例である。

集められた物資の動き

発災１週間後頃から、全国あるいは県レベルで、各団体や機関が義捐金や支援物資を集め始めた。全国組織を持つ「商工団体連合会」の例で見ると、各県連合会が参加業者へ呼び掛けて物資を集め、それぞれの組織の婦人部が中心になって、内容別に箱詰めし、表に内容物を書いた紙を貼って荷造りした。市役所から、「緊急支援物資輸送許可証」を交付してもらい、この許可証を車の前面に掲示することで、道路制限を免除されたり、給油の優先配給、東北地域の高速料金免除を受けたりして、東北各県の県連事務局に届ける。その間に到着時間などを打合せて、できるだけ早朝に届くように調整し、県連では毎朝、各地からの物資を受け取った。

物資は特に要望があって送られたものは希望者にピンポイントで届けられるが、それ以外は箱ごとに生鮮品とその他に分け、小型バンなどに積み替えて、当日予定した配布先へ次々と届けに出る。県連の倉庫は小さいし、早く届けたいので、可能な限り専用の駐車場で受け取り、すぐに発送した。次ページ写真の上段左の山は、これでほぼバン１台分である。車の屋根には、中古自転車が積めるだけ積まれる。宮城県では３、４台のバンやトラックで、各地域の中小業者がつくっている県内の民商事務局へ１日３～５ヵ所ずつ計画的に届けた。

届けた先では、受け取り側の手で開封され、参加会員へ分け届けたり、量が多い場合は次ページ上段右の写真のように取りやすく並べて、周辺住民に

支援物資の行方　左：県連合会へ届いた支援物資　右：希望者が取りに来る方式（写真は避難所の入居者用に用意された物資）下：離島へ届けられた物資の仕分け

新しい物資が届いたことが知らされる。大半の物資は、この団体の関係者であるかどうかに関係なく、近隣の人たちが取りに来て、必要なものを持ち帰る。点在する会員には、その家族構成に合わせて見計らいでいくつかの箱詰めを作って、週1回ぐらいの頻度で届けられた。

離島へは、その地域を管轄する民商から、週1回ぐらいバン1、2台で届けられる。物資は、下段の写真のように広い部屋がある会員宅へ届け、周辺へ物資到着が知らされると、中高年の男女が次々と集まり、男性はほとんど手出しをせずにお茶やタバコで雑談しながら時を過ごす。女性は片端から開封して自分に合いそうな衣類などをひとわたり探した後、「これは誰さんによい」「こっちは誰さんの子どもにちょうどよい」など、にぎやかに相談しながら、数十軒分の家別に分け、届ける人を決めて引き取り、1時間ほどできれいに片付いてしまった。配達するのは主として男性の仕事である。島では生鮮野菜が特に人気があり、これは家別にビニール袋で分けて持ち帰られたり届けられたりした。

実際の物資ルートはもっと多様であるが、支援物資の動きの一例として記録した。

第６章　事業再開

Ⅰ　個別営業の再開

自宅で美容院を開業

市民会館と自宅近くの条南中学校で半月の避難所生活を続けた、気仙沼の美容師吉田敬子さんは、借り店であった美容院は津波の被害で全損。持ち家の自宅も１階の床上70cmの浸水で、ヘドロのために床も壁面の下部も泥だらけになる被害を受けた。

同じ人の再雇用には支援金は出ないが、支援金よりもこれまで一緒にやってきた仲間と一緒にやりたかったし、みんなも一緒に再開することに賛成してくれた。こうして人のめどもついた吉田さんには、３つのこだわりがあった。第１は、自宅がある住宅街にふさわしいおしゃれな店構えにしたいこと。第２は、高齢者に優しい店づくりにしたいこと、第３に、美容機材は最新のものを揃えること、であった。

地元の気仙沼にも工務店はたくさんあるが、被災してまだ動いていないところが多かったので、美容師仲間で「工事費は少し高いけれども、早くて、センスが良い」と評判の、仙台の業者へ設計・施工を依頼した。工事は順調に進んで、６月14日に開業することができた。被災後３ヵ月と３日目の営業再開であった。

こうして営業を再開するとともに、名実ともに自分の店を持つことになった吉田さんは、「大きな災害にも関わらず運よく生かされたので、何か社会に役立つことをしたかった」「被災後最初の電話が、見舞いの言葉とともに、明らかに再開を期待する声だったことが、私の背中を押した」と語った。

30年前から毛染めパーマ、12年前から美顔（エステ）など新しい分野に挑戦しながら、使う薬液の安全に注意を払ってきたことなどが多くの固定客を生み、それが励ましの声となって返ってきたようである。吉田さんは肌の健康を守る「クリニックサロン」の資格も持っており、自分の店を持ったことで、事業拡大の夢も膨らませている。

卓上コンロでスナック再開

気仙沼の田中前で「スナック眉」を経営する加藤真理さん（60歳代）は、地震が起きた時間帯は開店準備前で、車でJR気仙沼駅近くの気仙沼税務署へ納税申告に出かけていた。その帰りに地震に気づいたが、周囲に異変はなく、とくに被害があったようには思えなかった。途中、内ノ脇方向へ走っていると、気仙沼大橋付近で大渋滞が起きており、「なぜこんな所で渋滞なのか？」と思いながら、徐行していた。

大川を見ると真っ黒な水が増水しており、車を降りる人も出ていたので異変を感じ、自分も車を乗り捨てて近くの歩道橋へ上がった。歩道橋はたちまちいっぱいになるほど人が増えた。それまでは後を振り返る余裕がなかったが、陸橋に上って見下ろしたら、下にはもう水が来ており、自分が乗り捨てた車も浮かんで流されていくのが見えた。

自分が立っている陸橋も、水中に孤立しているので怖くなり、少し水が引いたところでほかの人たちと下に降りた。水の中を歩いて、「丸和」ガソリンスタンドの2階に避難させて貰った。しかしここは避難所ではないので、気仙沼高校へ行こうということになり、一緒に避難していた人たちと再び水の中を歩いて高校の体育館へ行った。その時に、避難していた丸和の人から、男物だったがズボンやジャンパーを借りた。自分の衣類は濡れていたが、体育館で着替えたので、濡れたままいることは避けられたが、夜は雪も降り、寒かった。

気仙沼高校の体育館へは、次々と人がやってきて、夕方にはいっぱいになった。その夜は何も支給されるものはなく、停電して真っ暗な中で寒さに震えていた。少しうつらうつらした程度で夜が明けた。翌朝はおにぎりが半分ずつ配られ、いただいた。考えてみると前日の昼食から20時間ぶりぐらいの食事だが、空腹は感じなかった。その夜、つまり2晩目も同じ体育館で

気仙沼市民会館入口に貼られた激励メッセージ

過ごしたが、夜はパンを食べた記憶。やはり寒かった。自宅は内ノ脇の借家であったが、内ノ脇一帯は完全に水没して、自宅は流されてしまったことがわかっていたので、帰る先はなかった。そこで、3日目から1週間ほど知人宅で世話になったあと、市民会館の避難所に移り、今（6月17日）も同じ避難所で暮らしている。

市民会館には、高齢者など、自分では十分なことができない人も多いので、そうした人のお世話などをしていたが、1ヵ月ほどは自分の店を見に行く気力も出なかった。震災後1ヵ月経ったところで初めて見に行ったが、カウンターの辺りまで泥水が来た跡があった。店内の什器や機材・酒などはあらかた流れてなくなり、代わりに30cmぐらいガレキ交じりのヘドロが積もっていた。あまりのひどさに怒る気も失せて、呆然とした。

その間、避難所では、毎日3食ともおにぎりが1個ずつとおかずか缶詰、それに自衛隊から提供される味噌汁が配られた。市民会館は、市内の避難所でも象徴的な場所だったので、自衛隊が「玄海の湯」と名付けたお風呂を用意してくれたり、時々ボランティアが来て豚汁や焼きそばなどを提供してくれたりした。水も市民会館に隣接する気仙沼公園に仮設の水道が引かれ、飲料水には不自由しなかった。ただ、これはたまたま市民会館にいたからであって、おにぎりと簡単なおかずや缶詰ぐらいしか出なかった所も多かったと聞いている。仮設住宅への転出を希望しているが、独身者は後回しということでまだ当たらない。

そんなわけで、避難所にいれば何とか食べてはいけるが、いつまでもこうしているわけにはいかない。そう思う反面、これからまた一からやり直すのも大変なので一時は廃業も考えた。大家さんに再建予定を聞いてもはっきりしないので諦めかけたのだが、もとのお客さんに会うと「いつから始めるのか」とか、「再開するのを待っている」と言われるので、そうした人たちにも援助してもらって、5月16日に、前とは別の場所に、新しい「スナック眉」を開業した。資金は、兄弟たちも援助してくれたので、身内からの借り入れも含めて自己資金でまかなった。

夜7時から12時までの営業で、焼酎、ウイスキーなど、出せるお酒の種類は以前よりも少ないが、前からのお客さんが来てくれるほか、被災地でもお酒を飲みたい人はいるので、新しいお客さんも来てくれるようになり、それなりに繁盛している。カラオケもリースで入れることができた。仕込みは、厨房がないので、15時ごろから卓上コンロで炊き始める料理しかできないが、お客さんも事情を察して不満を言う人はいない。

再開後の営業について、加藤さんは、「客単価は高くないが、困難な地域でもこうした楽しみを求めている人も少なからずあり、避難所から通い、卓上コンロで煮炊きする状況でも、再開してよかったと思っている」と笑顔で語った。

船舶修理工場を再開

再び船舶修理工場が被災した沢淳工業所の経営者、沢井淳一さんの話である。工場敷地は自分の所有地であるが、建築制限区域に指定されたので2年間は再建できない。やむを得ないので、借地に軽量鉄骨で5.5 × 7.0mの自前の仮設工場を建設し、被災5ヵ月後の夏までに、三菱製船舶用エンジンの代理店業務と販売、修理を再開した。

それと、養殖ワカメ用のボイル機や脱水機などの製造とメンテナンス業務を請け負ったので、それも始めた。ただ、建屋の関係で、高さが2m以下で

気仙沼港に係留された各種の漁船

ないと対応できないので、あまり大型の設備は扱えない。旧工場については、再建はだめだが修理するなら再開できるので、残してある1階部分の再利用が可能かどうかを検討している。

ほかに出張修理も始めており、まだ大きい機械は扱えないが、漁師さんたちが漁船を動かし始めても困らない体制は整えつつある。漁船が動かないと仕事が出ないが、漁師さんたちも、修理工場が稼働していないと安心して船を動かせない。気仙沼の仕事には、そういうつながりで生きている仕事が多い。

船の大きさは、養殖用は5t未満で大半は4.9t、イカ釣りやイサダ漁、サンマ船、マグロ船は9～19t、近海用は50～100t、遠洋用は130～150tが多く、300tぐらいまである。

行政には、仮設工場で営業する間だけでなく、建築制限が解除されて本工場を再建する予定の2年後にも、支援してもらえる制度がほしい。今回の災害も、もともと不景気な中で起きたものだから、新規投資は難しい。融資ではなく、助成金でないと再建は難しい。仕事は自分で探すしかないが、2、3年後の資金を支援してほしい。それと漁師さん自体の収支が成り立つように、その支援もしてほしい。

相談事案の変化

事務所も自宅も被災した気仙沼の弁護士、東忠宏さんは、3月20日ごろから仮事務所で１ヵ月ほど、主として震災関係の法律相談に応じつつ、事務所移転の準備を進めた。その後、電話が通じるのを待って、4月4日から新事務所で通常の業務を再開した。業務の再開は新聞広告で知らせたが、それ以前から相談業務中にも必要に応じて予告していたこともあり、再開早々から仕事が来た。仕事がら詳細は聞かなかったが、相談事項を含めて震災後に扱った主な業務案件は、次のように変化していったそうである。

3月…①流失家屋の家賃計算や敷金の返金。②解雇された。③隣家が倒れそう。

4月…①住宅ローンの相談。②自宅だけ倒れたのは手抜きではないか。③失業した。保険手続きは？

5月…①罹災証明の認定に関わる相談が増えた。②義捐金の分配。③相続、解雇、再雇用されないか。④仮設住宅に夫婦だけで住むようになってからＤＶ（ドメスティツクバイオレンス）が激しくなった。離婚したい。⑤仮設住宅に移ってから嫁・姑（しゅうとめ）間の軋轢（あつれき）が増えた。

6月…失職にかかわる相談が増えた。家を失ったが職は続いている人と、家は被災を免れたが職を失った人を比べると、仕事を失った人の方が悩みが深そうに見える。

気仙沼署（警察署）の流失に伴って、気仙沼では留置することができなくなり、刑事事件に関わる受注がなくなっている。民事は増えているが、固定収入が減った事態が見て取れる。企業の代表者の死亡や帳簿の流失に伴う事案。負債だけ残り廃業もできない、などの相談が増えた。

気仙沼の中心市街地では、土地・家屋の需要が増えて、3、4月には土地家屋の借り受け・買収とも、争奪戦の様相を示していた。4月末にはおおかた決着がつき、静まった。自分（東さん）が気仙沼に借家を借りられたのは、知人のおかげだったことを改めて感じた。4月から、被災者が民間アパートを借りると、それを県が借り上げて仮設住宅として提供する応急仮設住宅制度（通称、みなし仮設）が始まった。家賃は県が支払ってくれる。

弁護士会として、死亡から3ヵ月間とされている相続放棄期間を11月末まで期間延長するように要望した。認められる見通しである。続いて、世帯主死亡の場合は500万円、その他の死亡の場合は250万円の、現行災害弔意金の受け取り人を、兄弟まで認めよと運動中である。

被災した漁業者のくらし

志津川の久保田俊行さん（60歳代）は、震災まで漁師をしていたが、海岸に近かった自宅は跡形もなく流されて避難所暮らしをしていた。しかし、比較的早い段階で仮設住宅が当たって、被災4ヵ月目から仮設住まいに移行した。震災で船も失ったし、港も壊れて、漁はできない。そうした漁民の生活支援の意味もあって、漁業組合から希望者に海底ガレキ撤去の作業が来る。日当が付くので希望者が多い。そのため漁協で当番を決めて、数日間隔で作業に従事する。瓦礫の撤去作業は、期間に限りがあるうえ、日当が決まっているので、中には熱心とはいえない作業振りの人もあり、漁師が長く続ける仕事ではないように思う。

漁師は、従来、時間は自分で自由に使っていたので、時間から時間まで働くやり方にはなじめない。1日が長く感じられる。自分はサラリーマンの経験があるので時間指定されても働くが、生粋の漁師が続くかどうかは疑問だ。（2011年）6月は23日まで11人チームだが、その後は23人単位になる。これだけの人数の漁師を管理しきれるのか、疑問がある。

漁の復活については、もちろん切望している。船は、その気になればなんとかなると思うが、今は漁船の係留場所がない。まず港だけでも修理してくれると有難い。知事は大きい港に集約すると言っているが、チャッコイ（小さい）港を放置するとチャッコイ（零細な）漁師が困る。今でも大きい船は他県の港にも着けているので、大きい船対策なら急ぐ必要はないのではないか。むしろ生活に密着しているチャッコイ港の応急修理を急いでもらいたい。

漁の仕事は、今は一人ではできないので、共同化するのは良いことだ。しかし、法人化するのは、漁業者を従業員化することでもある。漁師の仕事

岸壁が崩壊した漁港の整理に当たる漁業者たち（気仙沼市大立漁港）

は、自分で頑張っただけ成果が上がるので頑張れるが、日当だと早上がりなど“なあなあ”になりやすいので、漁師のサラリーマン化は不向きだと思う。法人化は、漁獲型の漁には不向きだと思うが、カキ、ホタテやワカメなどの養殖は、会社化しても動けるかもしれない。

Ⅱ　共同による営業の再開

お菓子を売ろう！

気仙沼市内には、30年以上前から毎月10日に若い製菓業者が集まる「10日会」という青年経営者の会があり、主として経営や製品の製造技術に関する研究会が続けられていた。そのうちの有志4人が共同して、震災後いち早く本格的なお菓子を売り出し、「甘いもの」に飢えていた人たちに好評で、話題を呼んだ。このメンバーの一人で、「若生餅店」を営む若生雅之さん（50歳代）に、共同事業の経過をお聞きした。

震災前頃の「10日会」の常連参加者は8人で、気仙沼市内の業者は6人。そのうち若生さんの店を含む4軒が、今回の津波で被災した。若生さんの店は気仙沼港から約10mという至近地にあり、高さ6mの津波に飲み込まれたが、倉庫は助かった。

この4軒に呼び掛けて、震災から半月ほど経った3月28日に近況を報告しあうことにし、店舗が残った1軒で持ち寄りの飲み会を開いた。集まったのは、餅屋（若生餅店）、和菓子屋（紅梅）、洋菓子屋（コヤマ菓子店、

４人が作業した洋菓子店の工場（気仙沼駅前：TORAYA）

TORAYA）の４人であった。その席で、「電気も水もないが、こんな時こそ何か作りたいね」ということになった。さっそく、被災しなかったJR気仙沼駅前の洋菓子店TORAYAの工場に、使える資材を持ち寄って、集まった資材を眺めながら相談した結果、和菓子が良さそうだということになり、4月5日にスタート、販売は路上でと決めた。その間に電気が通じ、次いでガスも使えるようになったので、洋菓子も焼けるようになった。

そうした製菓条件の好転もあって、4月5日には「桜餅」「お団子」「ロールケーキ」の3種類を売った。販売場所は商工会議所の駐車場を使わせてもらえることになった。混雑を予想して、これらをパック詰めにして用意した。結果は大成功で、30分ほどで完売した。「甘いものがほしかったのよ」「久しぶりに本物のお菓子が食べれた」などの声で、手ごたえが感じられた。

そこで、次回はその翌日作って明後日に売ることを決めて、それぞれが準備にかかった。饅頭（まんじゅう）やショートケーキなど生菓子（なまがし）の売れ行きは、震災前から低下していたので、4軒の中には震災を機に廃業を考えていた人もいたが、この日のお客さんの声で、一転して営業を続けることにした。しかしそうは言っても、作るべき原材料がない。道路が寸断され、仕入れルートが混乱し、ガソリンが入手できなくなっている中では、早急に入手できるめども立たない。そこで、被災を免れた店の倉庫を探して、使えるものを使い、販

臨時売場に掲示した立て看板

売は週2日に減らすことにした。作るものも計画化して、使える材料に合わせて毎回各店が1種類ずつ、4種類を売ることにした。テントの提供も受けられたので、売り場にはテーブルだけでなくテントも張り、やや店らしくもなった。間もなく写真のような看板も手作りして、立てるようになった。

若生さんの倉庫には、間もなく迎える春先に備えて、桜餅の材料が仕入れてあったので、まだ季節には早かったが「桜餅」と、「団子」「ロールケーキ」プラス「何か」、というラインアップが揃った。柏の葉の在庫があったので、5、6回目の時に「柏餅」を売ったが、これも大変好評であった。

和菓子には「あんこ」が欠かせないが、気仙沼では入手することも自分たちで煮ることもできなかった。そこで仙台の取引先と相談したら、届けてあげようと言ってもらい、毎回5kgのパックを運んでもらった。こうして、そろそろ材料が底を尽きそうになった4月20日過ぎからは、道明寺粉、上新粉、あんこなどの材料仕入れもできるようになり、4月下旬からは次第に売るお菓子の種類も変えられるようになった。そこで、若生さんは、柏餅の後には、震災の前に復元して販売し始めていたみたらし、「べろっこ団子」

を作って販売した。懐かしがられて好評であった。ちょうど桜のシーズンが終わる頃には、桜の葉の在庫がなくなったので、2ヵ月間売り続けた桜餅は終了した。

こうして仮設共同菓子店は好評であったが、次第に気温が上がって戸外での販売は難しくなり、商工会議所駐車場での営業は6月15日で終了した。5月中ごろからその対策を相談し、初めは若生餅店の倉庫での営業を話し合っていたが、その間に資材の入手ルートや水道なども復旧するという製造条件の回復もあり、以前のような各自の店で販売する形に戻すことになった。秋の初めまでには4軒とも再開する予定であるが、再開したらお互いの店の製品を仕入れあって販売する、商品の廻しあいも相談している。単純に計算すれば、商品のラインアップを4倍にできる販売の共同化である。

これとは別に、中小企業基盤整備機構が無料で提供してくれる、軽量鉄骨造りの仮設店舗を申し込む誘いもある。これは商店街単位でないと申し込めないので、4軒一緒にというわけにはいかないが、店を失った若生さんとしては、出店する方向で検討しつつある。これは期限付きではあるが、家賃は不要であり、実現すれば当面は工場だけ整備すれば本格的に営業を再開できる。こちらの取り組みは、仮設商店街を構成する40軒で5月の連休明けから相談が始まり、各自が準備を進めて、計画では9月初めには開業できる予定である。

その間は、ホテルからのおこわや赤飯などのまとまった注文や、個人の家から頼まれるお団子の受注などに応えている。

若生さんは、最後に約70日間続けた共同店舗の取り組みを振り返って、この取り組みによって被害による挫折感が高揚感に変わり、営業再開へ向けて勇気が出た。とりわけ、もう和菓子やお団子は日常性を失いつつあるかもしれないと思っていたのが、連日よく売れ、需要はあることに確信が持てた、と語った。今は季節と関係なく甘いものが求められる時代であることもわかったので、幸い被災を免れたワゴン車で出張販売にまわることも考えている。

気仙沼で開かれた「復興支援商工交流会」

「復興支援商工交流会」の開催

震災後３ヵ月を経た2011年６月19日、気仙沼市内に事務所を置く気仙沼本吉民主商工会という団体が、「復興支援商工交流会」という、小規模業者の交流集会を開いた。民主商工会は「民商」の略称で知られる小規模業者の任意団体で、震災後も文字通り被災業者の支援に尽力した。「商工交流会」というのは、1980年代初めから全国の市区町村、都道府県、全国の各レベルで随時開催されている、中小業者（経営者）や中小企業関係の団体事務局員、研究者、弁護士、議員などが集まり、おもに小規模業者の経営改善経験を交流し合う集会である。

この日の集会には市内の業者ら40人余りが参加し、宮城県商工団体連合会と復興支援みやぎ県民センターからの挨拶に続いて、大学教員による講演「津波なんかに負けない　中小業者の復活」。続いて、津波で全損した工務店と船舶修理工場の経営者からいち早く仮設事務所や仮工場で事業を再開した経過や、その過程で起きた問題点、それを乗り越えた経験などが報告された。さらに会場から再開準備を進めている４人の経営者から発言があり、若干の質疑応答の後、支援物資の無料持ち帰り会があって終了した。

参加者の中には震災後初めて再会した人も多く、お互いの無事を喜んだり、連絡先を教え合う人も目立った。参加者の中には、廃業するか再開する

古い建物も残る気仙沼の南町商店街

か迷って参加した人も少なくなかったようで、事務局に「廃業も考えていたが、再開する気になった」「元気がもらえた」などと伝えて帰った人も少なくなかった。

仮設商店街をつくる

気仙沼市では「一番街」「中央街」「夢通り」「大堀銀座」の各商店街に商店街振興会もしくは振興組合が組織されている。そのうち「大堀銀座」と振興会組織のない「大通り」の２商店街は道路を挟んで向かい側にあり、「南町商店街」と呼ばれて、兼ねてから共同売り出しなどを一緒にやってきた。

南町商店街は、気仙沼港に近い市の中心商店街でもある。５つの地域商店街が集中しているが、そのうち４商店街が今回の津波被害に遭った。中心商店街の多くが水害や火災に遭った気仙沼市内の中心商店街の中でも、「なお商店街の雰囲気が残っている地域の一つ」と市の商工観光課が説明する商店街であるが、１階を津波で破壊された店が多く、(2011年) ６月段階では、その多くが取り壊されつつあった。

南町商店街の活動の中心になっているのは「南町柏崎青年会」という団体で、会長の坂本正人さんや顧問の千葉秀宣さんたちが、いち早く仮設店舗の建設計画を進めている。計画しているのは「独立行政法人中小企業基盤整備

営業し始めた南街商店街の仮設店舗（2012年9月撮影）

機構」が進める仮設店舗建設事業への応募である。商店街として10店舗以上の出店希望者をとりまとめ、公有地を提供されることが条件で、建設費、使用料は無料で提供される国の支援事業である。店舗形態はテント形式のものや軽量鉄骨造りなどいろいろあるが、大型のものは軽量鉄骨造りである。建設された仮設店舗は、同機構から市へ無償で貸し出され、市が商店街に提供する形がとられる。公有地は、本当の公有地でなくても、市が借り上げた用地でも認められる。

商店街で開設すると便利ではあるが、その区域への本建築が遅れるため、公有空地や公園を利用することが多いが、南町商店街では青年会のメンバーが骨折って、被災商店街の一角を仮設店舗用地として借り受けることにした。仮設店舗への出店希望者も、すでに43、4軒集まっている。6月中旬にはすでに整地もかなり進んでおり、8月末開業をめざしている。オープニングイベントも、子ども用のスペースを設けて太鼓や踊りを上演してもらうなどの企画が進んでいる。

坂本さんや千葉さんたち自身も神社の境内で避難所ぐらしをしながら、こうした準備を進めている。この取り組みに先立ち、1995年の阪神淡路大震災で苦労した、神戸市長田区の商店街などとも交流して、その経験を集め、こうした期限付き店舗への出店に際しては、仮店にできるだけ費用をかけないように注意情報を流すなど、開業後に焦点を当てた実践的な相談にも応じている。

第7章　新しいまちづくりを求めて

I　都市計画法と住宅再建の制約

気仙沼市長の復興構想

菅原茂気仙沼市長へのインタビューは、2011年6月19日土曜日の夕方、予定よりも1時間余り遅れて始まった。この日、気仙沼市役所では震災後最初の同市復興計画策定会議が開かれていた。議論が白熱して、2時間の予定が4時間に及ぶ大議論になり、それに出席していた市長さんは会場から市長室へ直行してインタビューに応じてくださったものであった。そこで早速本論。

地震は、市議会開催中に起きた。平成23年度一般会計予算の審議中で、委員長が発言している途中であった。菅原市長には「人生最大の揺れ」だと感じられた。異常な揺れを察して議会は直ちに中断し、市長はすぐに議場を出て、隣接する「One10（ワンテン）ビル」にある危機管理課へ直行した。まだ揺れが収まらない中であったが、防災無線で「津波」への警戒と避難の呼び掛けを指示した。

しばらくしてワンテンビルの屋上から港を見ると、船のマストが大きく動いているのが見えた。あれこれの災害対応策を指示していた。ふとビルの下の道路に眼をやると、初めにゴミと水が流れており、見るまに水かさが増して、ワンテンビルも1.5mぐらい浸水した。道路はガレキや流されてきた自動車などで塞がれてしまった。窓の外を見ることができたのは2回だけで、後は会議や打ちあわせに忙殺された。

先ほどまで開いていた復興計画策定会議は今日が1回目で、9月までに計画をまとめる予定でスタートした。庁内外の10人ほどのメンバーによる対策会議である。6月21日には、策定会議に対する提案機関として、委員11

気仙沼市役所前のOne10（ワンテン）ビル（災害対策本部もここに置かれた）

人による市民委員会を立ち上げる。今日検討しはじめた「気仙沼市復興計画」は、当面の復旧にとどまらず、50年後、100年後まで見通した内容で取りまとめるもので、自分（市長）としては次の諸点を強調した。

①持続的な経済発展

②地域経済の強化

③災害に強いまちづくり

④自然環境の保全

⑤各年代にわたる福祉の充実

具体的な施策としては、漁業関連施設の復旧を急ぐ必要があるが、海岸部だけではなく、市全体が広範囲に約70cm以上沈下しており、その復旧に2、3年はかかる。港の諸施設の本格的な復旧はそれ以後にならざるを得ない。

福島原発の影響については、今も計測している。北上するカツオの群れが北緯37度線を越えるときには、放射能の検査船を出すことにしている。

市民はこの100日間よく耐えてきた。行政は今後とも力を尽くすし、できるだけ援助していきたい。相手の立場に立ち、自分たちも少しずつ我慢する。この三つが合わさって成り立つと思う、と。

面談後、菅原市長は、「次の会議がある」と急いで席を立たれた。その後、市の復興計画は公表され、市のウェブサイト（ホームページ）にも掲載された。

気仙沼港付近は地盤沈下して水が引かない（右側の道路は沈下分をかさ上げしている）

気仙沼市の復興計画

市長の談話にも出た「復興計画」について、この計画づくりでも主要な役割をはたされた一人である市の熊谷英樹商工課長を訪ね、資料をいただいて、商工業の現状と復興計画を中心に説明を受けた。

気仙沼市は今回の震災で、主産業である水産関連産業と商店街が集中していた海岸部を、津波と火災で総なめされ、大きな被害を出した。気仙沼市では、今次震災以前から、従来の商業地域であった市役所周辺（東・南）から、新しい住宅地である西地区（市役所の南西部）へ商業活動の移動傾向が出始めていた。その影響で、市役所に隣接する八日町地区では、大型店も含めてすべて閉鎖されたところで津波に襲われた。

熊谷英樹商工課長によると、震災後の市内主要商業地域は、2011年6月現在次のような現状にある。

①鹿折(ししおり)地区は、浜商栄会が元気だったが、津波で漁船が流されたうえ火災に遭い、全滅した。

②内(ない)の脇(わき)地区は、仲町商店街が1956年の魚市場移転後、街が形成されて発展したが、これも津波により壊滅的な被害を受けた。

③大川(おおかわ)西岸は、水は入ったが建物被害は比較的小さく、すでにかなり復活した。

④県道26号線に面した辺りは、営業が再開されている。

⑤気仙沼駅付近も、ほぼ再開されている。

当面の復興計画については、

①南町、鹿折、内の脇地区にはそれぞれ仮設店舗を作る。

②鹿折は、津波被害と火災に加えて76cm地盤沈下が起きている。現状では住むことができないため、住民がいないという問題があり、仮設店舗以前に、地盤のかさ上げが必要である。

③鹿折、内の脇は建設制限がかかっており、地盤沈下も起きているため補修工事もできない。

仮設店舗は、独立行政法人中小企業基盤整備機構の目玉事業で、上記3ヵ所に限っているわけではないが、場所と時期の制約がある。場所は市有地ということになっているが、借地でもよいので、地元で話をまとめてもらえれば追加はできる。本年度（2011年度）分は間もなく申し込みが始まる。

復興計画中の営業については、当事者である業者自身が、早期開業を望む積極的な人と慎重な人と態度が2分した。大川の西側では、被災してからすでに営業を再開した人もある。

仮設店舗の用地については、どうしても仮設住宅の確保を優先せざるをえない。ところが、石巻以北は地勢的に山が多く平地が少ない。気仙沼市についていうと、仮設住宅を2,000戸作る計画だが、まだ3分の2しか用地の目処が立っていない。山を削れば開発は可能だが、不便な山あいに仮設住宅を建てても、満足してもらえる人は少ないだろう。利用されなければ意味ないので、市としては空き地を探して借り受ける作業を進めている。用地が確保できたら、まず仮設住宅用地に回すことになる。

いっぽう、仮設店舗は来客が来やすい場所でなければ意味がないので、公有空地は全くなく、民有地を借りるしかない。

南町商店街は動きが進んでいる。周囲に住宅の建設計画も進んでおり、被害は受けたが被災直前の時点で営業中であった店も多く、商店街の雰囲気も残っている。そうした条件を備えているので、仮設店舗も現在地の中に建設することになった。

気仙沼港に面して開店した仮設商店街「復興屋台村　気仙沼横丁」

市内製造業の７～８割は、水産業と魚介類の加工を合わせた水産加工関係で占められている。そのため、水産庁と経済産業省両方の予算を利用できるので、水産加工関係の復活を重点的に進めたいと考えている。

(2011年) ６月23日には震災後最初のカツオを水揚げする予定で、市場を再開する準備を進めている。カツオもビン長マグロも、加工するには冷凍倉庫などが必要で、すぐにはできないが、生食用なら氷だけ準備すれば再開できる。

氷は、被災した製氷工場をとりあえず１ヵ所修理して使う目処がついた。日本郵船株式会社の協力で、シンガポールから40フィート冷凍コンテナを８本送って貰うことができ、これで受け入れの基本施設は揃った。ただ、まだ一時保存体制が整っただけで、凍結はできない。凍結しないと加工に回せないので、まだ水産加工業の準備はできていない。

そこで、仮設工場の建設とグループ補助による事業再開の二つについて経済産業省と相談している。仮設工場は、仮設店舗と同じスキームで進められるもので、グループ補助は、グループで工場を復旧する場合に、国から50パーセント、県から25パーセントの補助を受けられる。併せて、水産庁の水産業共同利用施設復旧整備事業による整備も検討している。これは6分の5の補助が受けられる事業である。

とりあえず流通と製氷はできるので、カツオの生鮮を受け入れ、あとは徐々に広げていくが、その前に地盤沈下した76cmのかさ上げ問題を解決しなければならず、復興計画がカギになる。水産加工業は、水処理も大きな部分を占めており、下水道や汚物処理施設などにも多額の設備資金が必要な産業である。

そうした問題にも目処をつけて、復興計画を2011年9月までに、第1次気仙沼市国土利用計画を2012年1月までに、区画整理事業などの建設制限関係を2012年9月までに決定する日程で進めている。

じっくりと復旧

イカの塩辛などで知られる株式会社八葉水産の清水敏也社長（50歳代）は、宮城県中小企業家同友会の気仙沼支部長で、気仙沼市復興会議のメンバーでもある。気仙沼に本社も工場もある典型的な地元企業の八葉水産は、今回の津波で、稼働中の4工場と集配センターがいずれも被災した。そのため、2011年9月まで休業を余儀なくされ、自前の加工場の一部が稼働し始めたのは2011年12月からであった。大川沿いで津波を受けて、全施設とも1階が浸水し、生産設備が破壊されて商品も流されたが、従来の第2工場を改装して、本社兼赤岩工場として2012年3月に再開した。

八葉水産の製品は、主力製品であるイカの塩辛が50パーセントを占め、メカブ、モズク、シメサバなどが加工販売されている。サケのふりかけや、近年好評であったワカメの茎の漬物など、震災前には、全部合わせると年間およそ4,000tの製品が生産されていた。

八葉水産が受けた津波被害のうち、機械設備類約10億円分は全部入れ替える必要があった。原料は市内で3,500tが被災し、こうした製品被害だけ

左：被災した気仙沼市の魚市場　右：被災した冷蔵倉庫の一つ

で約10億円分と見積もられている。復旧には、インフラ整備も含めて時間を掛けざるを得ないので、いったん休業して、松崎（地名）の冷蔵庫と加工場は年内、赤岩（地名）は来年再開予定で準備を進めつつある。OEM（当社のブランド）で加工している製品もあるので、一部の商品は休業中も流通している。

こうした事情から、約170人いた従業員はいったん全員解雇された。県外の委託先などへの振り替えも考えたが、そのための研修を行う場所が市内に見つからず、結局、失業保険の対象にするのが現実的だと判断されたためであった。

休業中、震災失業者支援のために、新しく帆布製品を作りはじめた。工房に7人雇用しており、自宅前に作ったギャラリー「縁」で販売している。目標としては、被災1周年までには事業として自立できるように、軌道に乗せたいと考えている。

市の復興会議については、9月までに復興計画をまとめる予定だが、初回は理念的な総論であった。自分たちの町の復興は、自分たちの足で立ち上がるのが大切なので、そういう町づくりをしたいと思っている。中心的な考え方は、まず元へ戻すこと。気仙沼市は、「海と生きる」をテーマに考えている。新しいものとしては、ITや環境のビジネスを加えてはどうかと思う。

ただし、気仙沼の水産物や加工品も誇るべきものが多いので、東京が考える理想ではなく、宮城の地元からの発想を重視するべきだと考えている。気

帆布製品工房の手づくり作品

仙沼らしさは一人一人の中にあり、それが集まって町ができているので、便利さだけではなく、そうした「地元、気仙沼の良さ」を活かす計画にしたいと考えている。

例えば、漁獲物は震災の影響を受けなかった外国の海で獲れるものも多いので、今後の気仙沼経済復旧の重点としては、加工産業の回復が先決だと考えている。そして、気仙沼の水産加工を復旧させるには、加工業者の地元原料利用がカギだと思っている。

水産加工の形は、雇用重視型かマーケット重視型かで経営方針が異なる。気仙沼では、他の地域との地域間競争と地元での地域内競争とがともに激しかったが、これからは地域間連携と地元の共生にならなければいけない。震災前は、地区対抗でも食べていけたが、同時に全国規模でも競争していたので、今後もこの両方を見ていく必要がある。

これからの産業改革の視点は、装置産業化に加え、アナログの地域ブランドの創出が重要だと考えている。確かに、手作業で80人必要な製造をデジタル化（装置化）すると、20人で済むようになる。しかし、こうした合理化は価格競争を促し、さらに合理化、つまり人減らしを促す必要を拡大する。これでよいのか。みんなが暮らしていくことを考えると、日本では手作業分野を拡大することも重要で、ここを重視する必要がある。

当社としては、漠然としたコンシューマー（消費者）ではなく、カスタマーな顧客に応える企業になりたい。若い人が来て、この部分から立ち上げてもらうとよいので、そうした若い人の受け皿になりたいと考えている。

気仙沼としては、未来を見すえたものを考えるべきで、場所によってはスローペースな復旧でも構わないのではないか。急いでやっても、10年、20年先にそれほど差がつくとは思えない。走りながら考える、歩きながら考える、止まって考える、どれも必要だと思う。

中小企業家同友会の支部長は、7、8年前からやっている。現在の会員は67社。岩手県の陸前高田市と宮城県の南三陸町だけで40社入っていたが、岩手の会員を分離して岩手県中小企業家同友会へ移したので、気仙沼支部所属会員数は以前に比べると数字上は半減している。

震災後、中小企業家同友会の全国組織（中同協）から、支援金提供の連絡があったが、会員の中には災害で休業を余儀なくされている人も多く、会費どころではない人もいる。そういう人を見捨てないためにも、義捐金は会費に充当し、被災会員については1年間会費を免除してほしいと願い出て、受け入れられた。

宮城県中小企業同友会では、2011年3月22日に宮城県知事に対して、以下のような内容の「緊急要望書」を届けた。

「1.　緊急運転資金に対する融資（期末〔3月末〕を迎える決算のための運転資金。従業員人件費、仕入れ等固定費支払いのための運転資金）。
2.　設備復興資金（設備資金）に対する融資。
3.　100％政府保証による保証協会付きの融資の早期実施。
4.　元金の返済を一時猶予。」

とくにこのうち「4」については、かねてからの要望であり、法制化を求める、としている。宮城県中小企業家同友会では、さらに3月31日に、宮城県知事あてに次の5項目の「第2次緊急要望書」を届けた。

「(1)　緊急融資相談窓口の改善。
(2)　信用保証協会における決済業務の簡素化・迅速化。
(3)　政府系金融機関の緊急融資における融資利率の統一化。

⑷　元金の返済猶予期間の延長。

⑸　公共職業安定所窓口の増員。」

今回は中小企業の救済をお願いしたい。今やっている帆布のカバンを製造している人の中にも、2人は仮設住宅住まいで仕事につけない人がいる。被災者には収入がない人が多く、こうした手仕事も喜ばれている。何かしたいが仕事がない状態で、生活が維持できるか？　しかも、仕事はしたいのに工場は規制で直せない。こういう矛盾を解消する必要がある。市長が、「人間が一番つらいのは、明日することがないことだ。生きがいを提案し続けることが必要だ」と話したことがあった。今はそのことを再認識する時だ。

Ⅱ　気仙沼など被災地復興の課題

復興の悩みと葛藤

本書発行時点で、東日本被災地は満4周年を迎える。気仙沼でも、仮設商店街の営業や大島とのフェリーの復活、被災店舗の修理・改築、魚市場の修理・再開、遠洋漁船の入港など、被災地全域としては徐々に復旧が進みつつある。しかし、他方では、震災直後にはあまりにも激烈な経験であった津波被害に隠れるように、目立たなかった地震自体の被害や、港湾修理、都市計画など、時間も費用もかかる課題に起因する復興の遅れも目立つ。

地震被害でいえば、港湾に近い市街地では80cm近い地盤沈下も未解決である。震災後ほぼ沈下分を土盛して主要道路は開通したが、道路の両側は沈下したままで、満潮時には市街地に今なお海水が流入する場所もある。中心市街地を離れた住宅地などでは、いち早く大々的な地盤かさ上げ工事が始まり、旧地盤に比べると7～8m高台になった住宅地が広がりつつある。間もなく住宅建築も始まるであろう。しかし、牡鹿半島などでは、いったん沈降した地盤が戻り始めて、以前とは反対の段差問題も起き始めている。

気仙沼市など宮城県北部から岩手県へかけては、従来から平地が少なく、海岸部に住宅が密集していた。そこを激しい津波に直撃されたため、内陸部への集団移転が決められた地域が少なくない。漁業者や水産物加工業者などの中には、生業の維持に不便になることから内陸への移住を躊躇した人も多く、地域によって、海岸部にとどまることにした地域と、集団移転を決めた地域とに分かれた。海岸部には、高さ8～10mの巨大な防波堤が築かれることになったため、海岸部に住んでも、以前のように気軽に海を観察することができなくなり、かえって危険ではないかという声も出始めた。そうしたことから、工事完成後に、果たしてどれだけの人が復帰するのかが疑問視されている。

一方、集団移転を決めた地域では、旧集落がまとまって移転できる適地がなかなか見つからず、分村を余儀なくされる地域や、国の特例措置でややまとまった面積を確保できそうになったが、移転はできても生業が成り立つ目処が立たず、やはり尻込みする人が増えるという問題にも悩まされている。国も県も努力はしているが、復旧工事は予定のように進行せず、復興はさらに遠い状況にある。

そこへ、東京オリンピックの工事が始動し始め、急速に土木、建築関係の労働者不足問題に発展した。建設資材や人件費も高騰し始めた。消費税も引き上げられた。現地ではそれらが新しい阻害要因になり始めている。

仮設店舗の期限

東北の海岸地域では、中小企業基盤整備機構の支援で、各地に仮設店舗が建設された。気仙沼市内では、すでに紹介した、規模の大きい「南町商店街」や「復興屋台村 気仙沼横丁」のほか、それに先立って、発災1周年前後から、同じ中小企業基盤整備機構の支援で、市内6ヵ所に「福幸小町」「復幸マルシェ」などと名付けられた、20店舗から30店舗規模の2階建ての集合店舗が建設されて、以前の住宅地商店街の役割を果たし始めていた。

これらの店舗は、1日も早い営業再開を望んだ業者には適切な支援であった。1995年に起きた阪神淡路大震災では、神戸市長田区に、「パラール」と名付けられた大型テントによる仮設集合店舗が高度化資金融資を受けて開設されたが、高度化資金は協同化による新工場などの建設費用にあてるような用途が想定されていたため、その適用は大変難しかった。他に適切な融資方法がなかったためこの資金で建設されたが、関係者は大変苦労された。そう

気仙沼の仮設商店街「福幸小町」「復幸マルシェ」

した教訓から、今回の被災地では国が無償で仮設店舗を提供することにしたものであるが、各個店の開業費用は全額個人負担で、都市計画決定後には自前の店舗建設、再移転が必要である。しかも、仮設店舗の期限は開業から２年間となっており、延長しても２～３年ていどにとどまると考えられている。それに、この種の店舗は、半数の店が抜けるとほとんど来客がなくなり、個店が頑張っても営業できなくなってしまう。多くの仮設店舗は、そろそろ法定期限に達し始めており、あとは数年間の延長期間内に再度移転を迫られている。

東北の現状は日本の近未来の縮図

被災地では、震災後４年を経過して、修理して使える店舗はほぼ修理され、都市計画が決まった地域では、新しい住宅や店舗も再建されつつある。しかし、被災地の多くはもともと人口減少に悩まされ、小売業者などでいえば、自分の努力ではいかんともしがたい顧客の漸減に苦しみながら、営業を続けてきた業者が多い。こうした業者が、自力だけで復旧できるのかどうか。かなりのテコ入れをしないと復旧するのは難しい店が多いと考えられる。万一この機会に多くの業者が廃業すると、市街地から離れた地域では「買い物難民」が急増し、生活維持のための公的投資が避けられなくなる。

市街地では、一部をコンビニエンスストアが代替し始めているが、もともと若者向けの品揃えが主流のコンビニエンスストアでは、代替機能にも限度がある。加えて、比較的人口がまばらな農村地域や、東北地方に多い中山間地には、コンビニエンスストアの開業自体が多くは望めない。そうした条件を考えると、自分で生活費を成り立たせながら販売に従事する自営型の小売店の存在は、地域維持の社会的装置の一つとして重視するべきであろうと考えられる。東北地方の被災地やその周辺で起きつつあるこうした事態は、実は今後ますます人口が減り、高齢者比率が高まる我が国の、社会問題の縮図を示しているように思われる。

こうした問題は、小売り分野だけではなく、復興過程の多くの場面で、同質あるいは類似の事象として起きていると推察される。本書では問題を拡げ過ぎないために「福島原発」の問題はあえて避けたが、福島では宮城や岩手以上に重層的な問題に苦悩しつつ、風評被害とたたかいながら復旧に努力している。こうした東北被災地の復旧過程で起きる事象を、「東北地方の問題」とか「被災地の問題」として矮小化せず、日本経済再構築へのモデルとして取り組むのが、良いのではないかと考えられる。

編集者あとがき――東日本大震災の二つの記録

なぜ東北調査に力を入れたのか

東日本大震災直後から、私は東北へ行く覚悟を決めた。宮城・岩手両県は20代から40代へかけて研究や仕事でしばしば訪れていたし、知人もいた。それに加えて、1995年1月17日に起きた阪神淡路大震災後の心残りがあったからである。

震災前の神戸では、市内に次々と大型・中型スーパーマーケットが進出し、各市場が経営難に追い込まれつつあった。その相談が多く、1980年代後半からたびたび神戸を訪れているさなかに、あの震災が起きた。そこで、当時勤務していた日本福祉大学のゼミ生（有志）らとともに、被災中小業者の経営や被害の実態と、震災で抱え込んだ問題点を調査した。その結果は、95年6月に全国商工団体連合会から『阪神大震災被災業者の復興に伴う問題点と提言』という130ページほどの報告書として、出版していただいた。

神戸へは、その後3年間かよって復興過程を見続け、半年後、1年後、3年後には、そのときどきのゼミ生と共に現地の企業や商店街を調査し、学生による記録をまとめてもらった。

こうした調査の準備過程から、神戸市内や周辺各被災地を見て歩いたが、あまりの被害の過酷さに、しばしば写真撮影を差し控えた。当然のことながら、時間が経つにつれて「被災地現場」は片付けられて変容し、再び「災害現場」を記録することはできなくなる。このことが、のちのちこの震災のことを記述する際の欠陥に感じられて、残念な思いが消えなかった。

いっぽう、今次、東日本大震災の前年に私自身は現役教員を引退して、なお大学の仕事は続けていたが、時間は自由になる条件下にあった。現職大学教員の仕事は、年々自由度を制約され、以前のように簡単に休講したり講義日を変更することができなくなっている。そのため、大多数の大学研究者は、震災直後の調査に当たることはかなり困難なはずであった。そこで、自分が「動ける条件を備えた数少ない研究者」であることに気づき、「写真撮影」と「聞き取り調査」の二つの記録を取ることを決意した。時間はともかく、費用もかかるが、その方は、海外調査のために個人的にプールしていた資金を使うことにして、数回分の資金はめどを付けた。

古いつながりが威力を発揮

残る難問は、①現地へ行く方法、と、②現地での宿泊、③普通ではまだ入れない「現場」への接近方法、の3点である。①の問題は、私が75歳を期して運転免許証を放棄したので、公共交通機関によるほかはなく、2ヵ月後のJRの復旧開通を待って、即刻行動を開始した。②は、東北大学生協のつてで、数少ない営業中のホテルを見つけてもらい、素泊まり1泊1万円で宿泊した。その過程で、小規模事業者の健康問題を研究課題にする医学分野の学会で、小規模業者の実態報告者として時々私を講師に招いてくださった広瀬俊雄先生（仙台錦町診療所・産業医学センター）が仙台におられ、連絡を取ったところ宮城県商工団体連合会の事務局長が私と共通の知人であることがわかり、そのつてで仙台で一緒に食事をとる機会を得た。

宮城県商工団体連合会は、全国の民主商工会から支援物資を受け入れており、連日宮城県内各地へ分配・輸送していたので、その車に便乗させていただけることになり、③の問題も解決した。当時被災地の交通規制は3段階で行われていたが、救援物資輸送車は第2制限区域内まではいれるので、遺体捜索中の地域以外はほぼどこへでも行けることになった。さらに仙台では、支援要員用の宿泊所に泊めていただくこともできるようになって、資金的にも楽になった。

さらに、初期の段階で宮城県最北の気仙沼市を訪問した際に、気仙沼本吉民主商工会の千葉哲美事務局長が、「わしはあんたを知っとる」と言ってくださり、宿泊も提供して下さることになった。しかも気仙沼は、私が住んでいる知多半島と地形条件や大火災の原因になった大型貯油施設の存在など、被災要因が似ていて、南海トラフ地震にともなう被害の参考になると考えていた街であり、ご厚意に甘えることにした。

気仙沼に調査拠点が定まったので、その後は、毎月東北各地へ出かけ、帰りには1週間ていど気仙沼に滞在させてもらって、市内の被災状況を撮影したり、各方面の関係者をご紹介いただいた。多くは千葉さんに連れて行っていただき、さまざまな立場の50人近いみなさんから、被災当時やその後の状況をお聞きした。今回はページ数の都合があり、その一部を「第Ⅱ部」に収録した。

活動資金を用意したと言っても、1回出かけると十万円近い費用がかかるため、夏を過ぎると資金を節約する必要に迫られた。現地はまだガレキがそのまま残る地域も多く、なお見届ける必要を感じていたし、もっと被災者の方々に接近して聞き取る必要も感じ始めていた。そこで、2011年9月からはボランティアとして現地へ入ることにした。いくつかのボランティア団体にお願いして、滞在期間を延長させてもらい、ボランティアをしながら被災者の方々の様子を間近で見たり、被災体験や仮設住宅暮らしの実情をお聞きしたりする方法で、1年後までは毎月、その後は半年ごとに約2年半後まで取材を続けた。

写真や聞き取り記録の活用

記録活動の成果は、写真については、2012年3月に滋賀県彦根市の大型ショッピング施設「ビバシティ彦根」で、発災1周年を期して私の写真を使った大がかりな写真展が企画され、「遠い日にしないあの時」と題する、大判の写真約60枚の写真展が実現した。1ヵ月間の展示会後に、この展示資材を譲り受けて無料でお貸しするボランティアを始め、名古屋大学、愛知東邦大学、名城大学や、半田市内（公的施設約10ヵ所）、奈良県高田市などで、防災講演会などに合わせて展示された。撮影した写真の一部は、本書の第Ⅰ部第2章と第Ⅱ部の説明写真としても使用している。

「ビバシティ彦根」では、2周年にも写真展が企画され、被災2、3ヵ月後と、大型ガレキがあらかた片付いた1年半後とを比較した、大型写真展「遠い日にしないあの時2012」が開催された。この展示は、その後、同ショッピングセンター自身が、機会を見ては時々展示されている様子である。そのほか、日本流通学会などいくつかの学会や研究会で、パワーポイントの形でも紹介している。

聞き取り記録の方は、出版の機会がなく、当初の予定よりも報告が遅れたが、今回こうした形でその主要部分を紹介する機会を得た。

また、災害支援ボランティアについても、阪神淡路大震災の折に接した多くのボランティアが、有効に機能していなかった様子が気がかりであった。そこで1998年から愛知県半田市で、地元の皆さんによる「ボランティアをボランティアとして機能してもらうための人材養成」を始めた。この方は、「半田市災害支援ボランティアコーディネーターの会」という会員100人ほどのボランティア団体として定着し、関係者のご支援で国際ロータリークラブの社会奉仕活動団体に指定されて継続的助成金を受けるなど、年々その活動が実践化されている。

こうしたボランティア活動の参加者をさらに拡大し、活動内容をレベルアップすることも私の課題であるが、それについても大学生協やピースボート災害ボランティアセンターなどで、いろいろと学ばせてもらった。こうした学生や若者たちによるボランティアの経験については、本書と同じ形で『(地域創造研究叢書19) 東日本大震災と被災者支援活動』として唯学書房から出版していただいた。いずれも、今後の減災活動の参考になれば幸いである。

愛知東邦大学　地域創造研究所

愛知東邦大学地域創造研究所は2007年4月1日から、2002年10月に発足した東邦学園大学地域ビジネス研究所を改称・継承した研究機関である。従来の経営学部（地域ビジネス学科）の大学から、人間学部（子ども発達学科、人間健康学科）を併設する新体制への発展に伴って、新しい研究分野も包含する名称に変更したが、「地域の発展をめざす研究」という基本目的はそのまま継承している。

当研究所では、研究所設立記念出版物のほか、年2冊のペースで「地域創造研究叢書（旧 地域ビジネス研究叢書）」を編集しており、創立以来12年の間に下記23冊を、いずれも唯学書房から出版してきた。

・『地域ビジネス学を創る——地域の未来はまちおこしから』（2003年）
・『地場産業とまちづくりを考える（地域ビジネス研究叢書 No.1）』（2003年）
・『近代産業勃興期の中部経済（地域ビジネス研究叢書 No.2）』（2004年）
・『有松・鳴海絞りと有松のまちづくり（地域ビジネス研究叢書 No.3）』（2005年）
・『むらおこし・まちおこしを考える（地域ビジネス研究叢書 No.4）』（2005年）
・『地域づくりの実例から学ぶ（地域ビジネス研究叢書 No.5）』（2006年）
・『碧南市大浜地区の歴史とくらし——「歩いて暮らせるまち」をめざして（地域ビジネス研究叢書 No.6）』（2007年）
・『700人の村の挑戦——長野県売木のむらおこし（地域ビジネス研究叢書 No.7）』（2007年）
・『地域医療再生への医師たちの闘い（地域創造研究叢書 No.8）』（2008年）
・『地方都市のまちづくり——キーマンたちの奮闘（地域創造研究叢書 No.9）』（2008年）
・『「子育ち」環境を創りだす（地域創造研究叢書 No.10）』（2008年）
・『地域医療改善の課題（地域創造研究叢書 No.11）』（2009年）
・『ニュースポーツの面白さと楽しみ方へのチャレンジ——スポーツ輪投げ「クロリティー」による地域活動に関する研究（地域創造研究叢書 No.12）』（2009年）
・『戦時下の中部産業と東邦商業学校——下出義雄の役割（地域創造研究叢書 No.13）』（2010年）
・『住民参加のまちづくり（地域創造研究叢書 No.14）』（2010年）
・『学士力を保証するための学生支援——組織的取り組みに向けて（地域創造研究叢

書 No.15)』(2011年)
・『江戸時代の教育を現代に生かす(地域創造研究叢書 No.16)』(2012年)
・『超高齢社会における認知症予防と運動習慣への挑戦——高齢者を対象としたクロリティー活動の効果に関する研究(地域創造研究叢書 No.17)』(2012年)
・『中部における福澤桃介らの事業とその時代(地域創造研究叢書 No.18)』(2012年)
・『東日本大震災と被災者支援活動(地域創造研究叢書 No.19)』(2013年)
・『人が人らしく生きるために——人権について考える(地域創造研究叢書 No.20)』(2013年)
・『ならぬことはならぬ——江戸時代後期の教育を中心として(地域創造研究叢書 No.21)』(2014年)
・『学生の「力」をのばす大学教育——その試みと葛藤(地域創造研究叢書 No.22)』(2014年)

当研究所ではこの間、愛知県碧南市や同旧足助町(現豊田市)、長野県売木村、豊田信用金庫などから受託研究や、共同・連携研究を行い、それぞれ成果を発表しつつある。研究所内部でも毎年5～6組の共同研究チームを組織して、多様な角度からの地域研究を進めている。本報告書もそうした成果の一つである。また学校法人東邦学園が所蔵する、9割以上が第2次大戦中の資料である約1万4,000点の「東邦学園下出文庫」も、ボランティアの皆さんのご協力で整理を終え、当研究所が2008年度から公開し、現在は愛知東邦大学図書館が引き継いで閲覧に供している。

そのほか、月例研究会も好評で、学内外研究者の交流の場にもなっている。今後とも、当研究所活動へのご協力やご支援をお願いするしだいである。

執筆者紹介

佐藤　敏郎／女川中学校防災担当主幹教諭（第1章担当）
守屋　隆之／株式会社三森コーポレーション代表取締役（第2章担当）
森　　靖雄／愛知東邦大学地域創造研究所顧問（第3～7章担当）

地域創造研究叢書No.23

東日本大震災被災者体験記

2015年3月11日　第1版第1刷発行　※定価はカバーに表示してあります。

編　者――愛知東邦大学　地域創造研究所

発　行――有限会社　唯学書房

〒101-0061　東京都千代田区三崎町2-6-9　三栄ビル302
TEL　03-3237-7073　FAX　03-5215-1953
E-mail　yuigaku@atlas.plala.or.jp
URL　http://www.yuigaku.com

発　売――有限会社　アジール・プロダクション

装　幀――米谷　豪

印刷・製本――中央精版印刷株式会社

ISBN978-4-902225-94-5 C3336